U0931295

TOKYO
日本文具杂货的慢时光

[日] 堤信子 著　徐蓉 译

中国 · 武汉

•书中记载的店铺和商品信息为2019年7月之前的信息。
•标注的价格均未含税。

前言

到目前为止，笔者在关于文具和杂货的旅行书籍系列中介绍了许多喜爱的城市，例如巴黎、米兰、京都、奈良等，而这一次的主角则是笔者所生活的国家——日本。奥运会即将召开，日本也吸引了更多来自世界各国的目光，相信也会有更多游客来到日本展开属于自己的文具和杂货之旅。

日本可以说是文具和杂货的“大国”。众所周知，日本的文具备受文具爱好者的推崇，现在更是成为日本旅游纪念品中的主打产品，甚至有些拥有自身特色的文具店还登上了其他国家的杂志，由此可见日本文具在世界上的受欢迎程度。

于是，笔者希望以文具为契机，能够让大家重新认识日本，了解更多它的文化和历史。

在日本，您可以从街边林立的老铺中感受到日本江户时代（1603—1868年）的文化；在日本，您可以看到在世界各大城市中也少见的大型文具、杂货的店铺；在日本，您可以在热闹的跳蚤市场中邂逅世界各地的古董文具、杂货；在日本，您可以在各种具有专门针对性的个性店铺中寻找到更适合自己的商品；在日本，您可以购买到当地美术馆和博物馆的精致原创产品；在日本，您甚至会遇到那种充满个性、会“令人想坐下来静静地写一封信”的咖啡店。而以上的内容，本书都会一一进行介绍。

在本书中，除了很多广为人知的信息，当然还少不了“虽然知道那家名店，但是完全不知道里面还有卖这样的东西！”的稀有情报，同时还会介绍笔者自己的文具以及纸张的使用小诀窍等。

而且本书采用了接近正方形的装帧方式，方便读者装进包中随身携带。

如果本书可以陪伴您一起前往日本街头漫步，那么笔者将会十分荣幸。

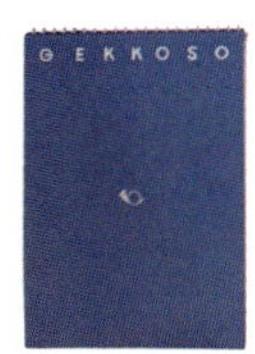

TRAVELER'S
notebook
HAVE

拥有主题的

文具店

在东京，有许多充满特色、闪耀个性光芒的文具店。即便只是在东京一处旅行，也能够邂逅来自世界各地的时尚文具和杂货。

激发知性和感性的属于成熟人群的文具店

如今，人们可以方便地购买到各种设计精巧的文具，不过这一切在20世纪80年代之前还是非常罕见的。笔者也曾着迷于那些虽然是日本制造但是是欧洲设计的精致文具。DELFONICS丸之内店因为地理位置的关系，店内的陈设风格偏向成熟。在这家店里不但可以购买到文具，而且可以找到钟表、皮具等独具匠心的物件，此外店里还出售CD等适合摆放在书房的物品，所有商品都是围绕文具进行挑选的。这里是笔者非常喜欢的一家店铺。

（上图）法人佐藤达郎先生亲自从欧洲购买回来的古董玻璃制品
（中图）与东京的皮革工匠合作制作的原创皮革日记本，封面选用了日本产的皮革
（下图）经过热爱音乐的佐藤先生和工作人员精心挑选的音乐角。包括部分原创CD
（左图）比较罕见的OLIVETTI笔记本文件夹

DELFONICS丸之内

东京都千代田区丸之内1-5-1 新丸之内大厦1楼　TEL 03-3287-5135　www.delfonics.com

DELFONICS
DEPUIS 1987
DELFONICS
ELFONICS
ANTIQUE WATCH
FAIR

东京当地线圈本图鉴

线圈本是DELFONICS的代表性产品，尤其是“口袋线圈备忘录”。笔者十分喜欢它那整齐大方、进口文具式的外观设计。线圈本封面的具体设计多种多样，有与著名艺术家合作的款式，也有与具体地区合作的样式。下面所介绍的便是其中一部分。

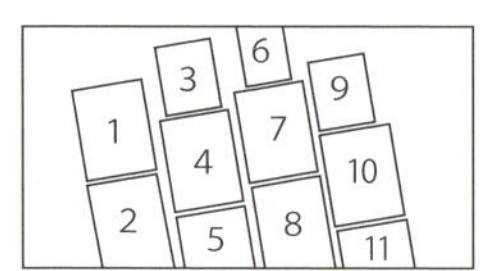

1：Smith东京市中区日比谷限定
2、3、8、9：Smith成田国际机场1号航站楼限定（插图2 ©Ryo Takemasa）
4：Smith LUMINE新宿1、LUMINE Est新宿限定
5：Smith ATRÉ惠比寿限定
6：Smith 东京天空树天空町限定
7：Smith PARCO_ya上野限定
8：Smith ECUTE品川限定
9：Smith池袋PARCO限定

编者注：
“Smith”是DELFONICS旗下的直营店
可能存在部分商品尚未开始销售的情况

Rollbahn
Rollbahn
Rollbahn
Rollbahn
Rollbahn

让热爱旅行、喜爱文具的笔者满怀期待的店铺

TRAVELER'S FACTORY是一家以旅行为主题的文具、杂货店，由制作“旅行者笔记本”(TRAVELER NOTE)的公司所经营，现在在全球各地都拥有粉丝。这家店铺是由一栋纸盒厂的旧木楼改造而成，复古风格的内部装潢设计体现了品牌的理念，粗犷而又不失温情。笔者作为一名旅行爱好者，为这里的一切感到激动不已，包括各种细节处的小物件在内都十分喜欢。

店内也有出售邮票，并且可以直接投递到店内摆设的邮箱中

之后将会介绍如何将普通的笔记本通过DIY进行大变身

TRAVELER'S FACTORY中目黑

东京都目黑区上目黑3-13-10　TEL 03-6412-7830　www. travelers-factory.com

TRAVELER'S notebook
& company

在机场和车站购买的限定商品

TRAVELER'S FACTORY在成田机场、东京站等地也有店面，并且提供只有在那里才能够买到的能够联想起航空旅行、铁路旅行的限定商品。

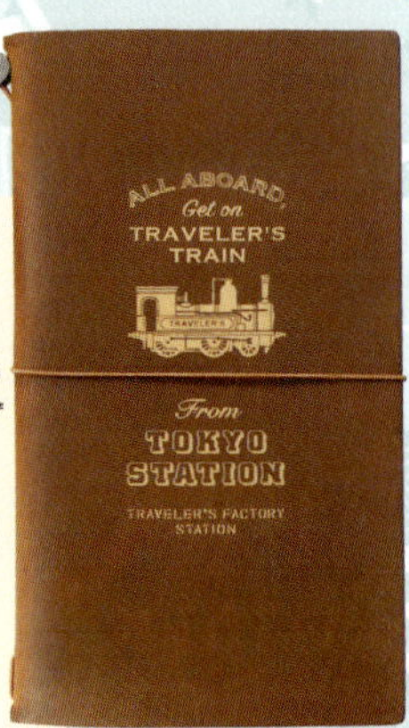

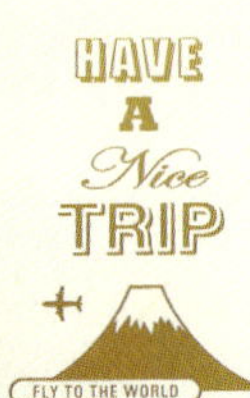

印有车站建筑和列车的款式是东京站的限定商品。右上角的旅行者笔记本选用了皮革制成的封面，并且配有金箔烫制的图案。而采用富士山和飞机图样设计的商品只有在成田机场才有出售。这些都是绝佳的旅游纪念品

二楼的自由创作空间

店铺的二楼是一个可以用来自由创作和定制的DIY空间。笔者尝试着用旅行者笔记本的包装纸和店铺发行的免费杂志《旅行者时代》以及配备的邮票制作了属于自己的迷你文件收纳盒。

连商品的纸盒子
都可以进行DIY

自家焙煎コーヒー
自家製ベーグル
SIDEWALK STAND
BAISEN & BAGEL
OPEN 11:00 ~ CLOSE 19:00

自家烘焙的咖啡和现烤的百吉饼

在代官山，离目黑川约一个街区的地方有一家西饼咖啡店。这家店由爬山虎缠绕的民居改造而成，店内的氛围既时尚又友好，轻松又不失宁静。一进门的左手边就是巨大的面包机，在店内可以品尝到自家烘焙的咖啡和每天新鲜烤制的百吉饼。二楼设有餐桌餐椅，还有阳光从窗外倾泻而下，是一个令人感到非常舒适的空间，很适合点上一杯香浓的咖啡，再提笔写下几行字。

（上图）图中分别为价值450日元、夹着两种馅料和奶油乳酪的“红豆馅三明治”和价值430日元的冰美式咖啡 （左下图）店内每日提供八种现烤百吉饼 （右下图）二楼的舒适座椅

街边烘焙&百吉饼

东京都目黑区青叶台1-15-9　TEL 03-6277-5714　sidewalk.jp

ANGERS bureau KITTE丸之内店

东京都千代田区丸之内2-7-2 JP大厦KITTE丸之内4楼　TEL 03-3217-2006　www.angers.jp

汇聚让文具爱好者感到惊艳的产品

这里是总店位于京都河原町的“ANGERS”的姊妹店，是一家以“书斋”为主题的店面，商品种类齐全，非常适合狂热的文具爱好者。只要您喜爱文具，就能够在这里发现那些会令您忍不住嘴角上扬的小物件。最妙的是，不只是那些价格昂贵的钢笔和皮革制的产品，您还可以在这里找到物美价廉的文具，像是一个27日元的夹子或者是一把120日元的尺子。店家对文具有着很高的职业敏感度，店内的商品也在不断地更新换代，所以无论您去多少次，总是可以发现一些新的惊喜。

大西制作所出品的精美的赛璐珞风笔架

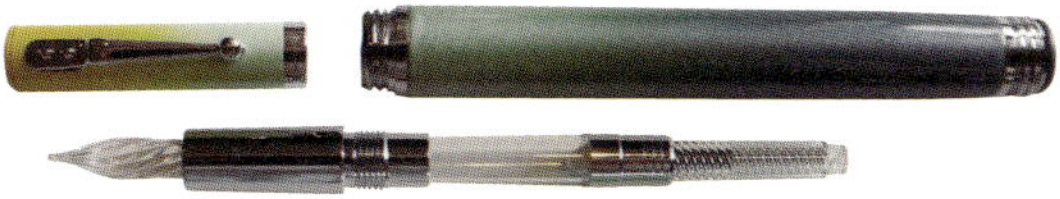

雅流（YaChingStyle）转换器式玻璃笔，能够轻松地享受到独特的流畅书写感受
（译者注：因为是中国台湾的珠宝设计师赖雅静设计的这种玻璃笔，所以称为雅流YaChingStyle）

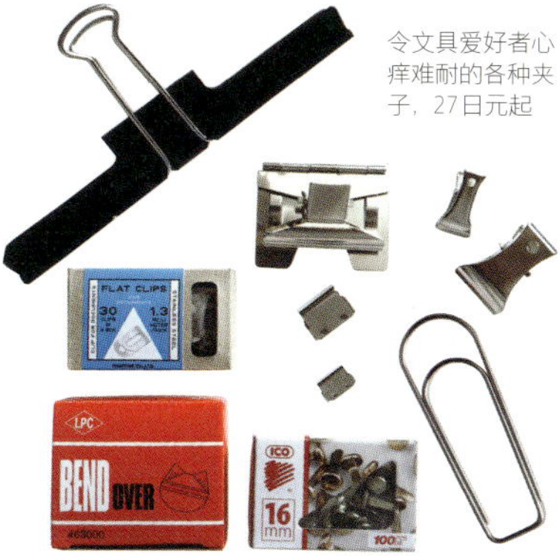

令文具爱好者心痒难耐的各种夹子，27日元起

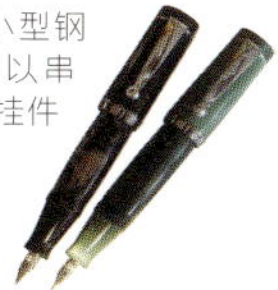

FILCAO的小型钢笔。因为可以串上链子做成挂件而很受欢迎

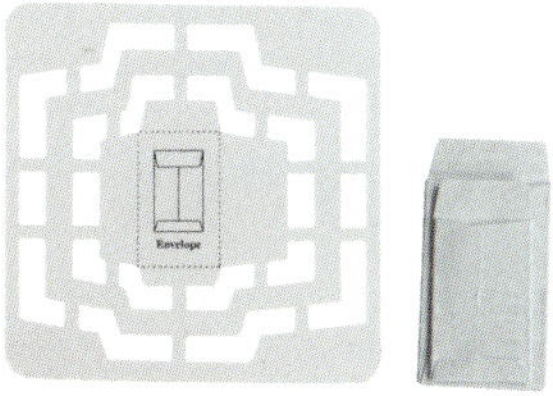

这款红包袋的模板，笔者一发现就立刻买了下来

GOAT

东京都文京区千驮木2-39-5-102　TEL 非公开　goat-shop.com

东京旅行必不可少的组成部分！MADE IN TOKYO 文具大集结

东京都文京区的宫田印刷厂使用凸版印刷的书籍封面

在保留着古色古香的东京街景的千駄木，有一家执着于东京文具的店铺——GOAT。店主串田美惠子作为一名设计师，一边设计文具和杂货，一边经营着这家店。据说因为工作的关系，她越来越迷恋于文具的独特魅力。串田女士说："其实很多大家所熟知的文具都是在东京生产制造的。"例如TSUBAME笔记本、LIFE、CARL办公设备、B.N.K等畅销品牌都是来自东京。这是一家充满爱的店铺，店主希望能够将产品制作者的想法和执着传递到使用者的手中。

串田女士参与设计的LIFE笔记本

甚至还有图书馆的用品。贴纸和借阅卡，如"禁止带出"等

精美的大理石花纹展现出华丽的"美式风情"

出自B.N.K工匠之手的"道具小物盒"

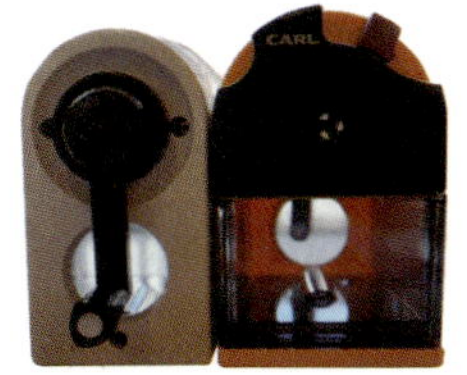

CARL的削笔器

营公工业的储物袋

POSTALCO
东京都中央区京桥2-2-1 京桥EDOGRAND 1楼　TEL 03-6262-6338　postalco.net

追求使用感觉的、美丽而又独特的工具们

笔者与“POSTALCO”相遇于几年前，当时是从文具制作人土桥正先生那里得知的这家独特的店铺。纸制品、书写用具、皮革制品等原创产品，都是从两位美日设计师的独特创意中诞生的。这里的商品都是经过他们精心挑选的佳品，它们兼具了作为工具的功能性和使用的舒适性。现在的店面已经搬迁至京桥区，外观更具现代感，被各种艺术作品所包围，顾客可以在购物的同时沉浸在这个品牌想要表达的理念中。

（右图）将和纸进行染色的线圈笔记本

（下图）可以容纳36支铅笔的收纳盒

装有皮革制品的纸盒引人注意

（左上图）灵感来源于纸张的回收再利用的“按扣本”。有三种尺寸可供选择：A4、A5、A6

（左下图）还可以选购有1mm格线的专用内芯

（右上2图）笔者经常会用它来夹自己喜欢的包装纸，它至少可以容纳100张复印纸

有4种包装纸可供选择，每种都很可爱，令人难以抉择

CLIP BOARD
Edinburgh
Guildford
MARGIN
MARGIN
ASSEMBLAGE代官山店
东京都涩谷区代官山町20-20 MONSHERII代官山2楼　TEL 03-3770-7911　www.assemblage-daikanyama.com

拥有独特品位的进口商品杂货店

这家开业于1994年的代官山的精品店，母公司是老牌贸易公司“南海通商”。在进口杂货还被称作“舶来品”的时代，南海通商便是最早一批将有品位的产品快速引进至日本的公司。这家店的文具不但品种齐全，在商品的挑选上也眼光独到，有很多日本以外的优秀品牌，笔者都是在这里第一次得知的。这里笔者想向各位读者推荐一个德国品牌——RÄDER，如果您想要送礼的话相信这会是很不错的选择。

有立体装饰的漂亮贺卡

形状有趣的回形针，每包15个

迷你卡片，写些什么好呢？

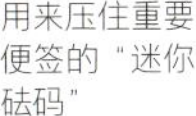

用来压住重要便签的“迷你砝码”

意大利产的4色圆珠笔

来自巴黎的PAPIER TIGRE牌文具们

月光庄画材店

东京都中央区银座8-7-2永寿大厦1、B1楼　TEL 03-3572-5605　gekkoso.jp

创始人个人哲学长存不衰的画材店

在高级餐厅云集的银座8丁目，从大正时代（1912—1926年）开始便存在于此的“月光庄画材店”一直受到艺术家和文化界人士的钟爱。据说成为店铺标志的、有着独特韵味的笔迹是出自诗人与谢野晶子之手。这里的商品全部是店铺的原创产品，他们的商标是“呼唤朋友的喇叭”。店内的素描本不但颜色丰富，还可以根据需要挑选尺寸、纸张厚度、材质，此外还可以购买到铅笔、卡片、袋子，是一家集文具爱好者和杂货爱好者喜好于一身的好店。

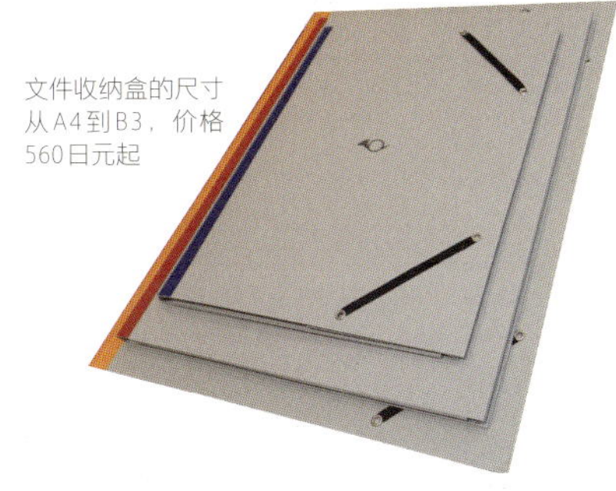

文件收纳盒的尺寸从A4到B3，价格560日元起

（上图）素描本按照纸质分类摆放
（下图）自创立以来一直在生产属于自己的产品

该社出品的8B铅笔，笔芯质地柔软且不易掉粉

绘画保护垫的余料回收再利用制成明信片

出现在银座大厦屋顶的空中庭院

银座的老字号“月光庄画材店”将原本用来作为仓库的空间进行重新改造建成了这个地方。这里没有电梯，您在爬上一层层的阶梯后会发现一个微风轻拂的空中小花园。您可以在月光庄画材店里购买一份“绘画套餐”，然后来到这里，用水彩或者粉彩在迷你素描本上尽情创作，沉浸到绘画的快乐中。到了傍晚时分，您还可以在酒吧倾听现场的音乐表演，享受美食。这里是隐藏于繁华银座中的僻静之所，在这里您将会被艺术和音乐所包围，忘记时间与烦恼。

店内名品新月形柠檬蛋糕中使用的果酱也是手工制作。点上一份，在露台上享受片刻奢华

可以使用月光庄画材店的画具进行绘画的套餐（500日元）在这里也有出售

（上图）月光庄画材店的明信片
（左图）店内设有可以投递信件的邮箱（卡片费、邮票费另算）

月光庄沙龙 月之离别

东京都中央区银座8-7-18月光庄大厦5楼 TEL 03-6228-5189 www.tsuki-hanare.com

WRITE & DRAW

东京都涩谷区代代木3-29-5　TEL 03-6276-1966　write-draw.jp

这里是与那些为了“写&画”而诞生的佳品相遇的空间

事实上，在笔者与这里的店主真正见面之前曾一直以为是一名男性，这是因为这家店里的商品都带着几分“男性化”。在跨过店门后，可以在右边的黑色架子上看到摆放在那里的“书写=WRITE”用的工具，而在左手边的白色架子上则可以找到用来“绘画=DRAW”的工具。店铺中央部分摆放的是经过店家精心挑选的杂货，不远处的墙壁上还挂着店主和久井彩香父亲的画。

捷克厂商出品的巨大橡皮擦，甚至可以用来当作镇纸使用

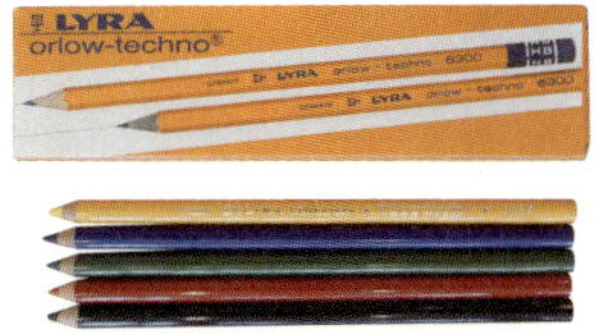

（上图）从美国的旧货商店里购来的笔记本
（上中图）英国SILVINE公司出品的航空信纸和信封
（上右图）可以在玻璃、木头上画画的彩色铅笔

（左侧页面图）放置画材的DRAW架子在进门的左侧。
（右图）以文具为中心的WRITE架子在进门的右侧

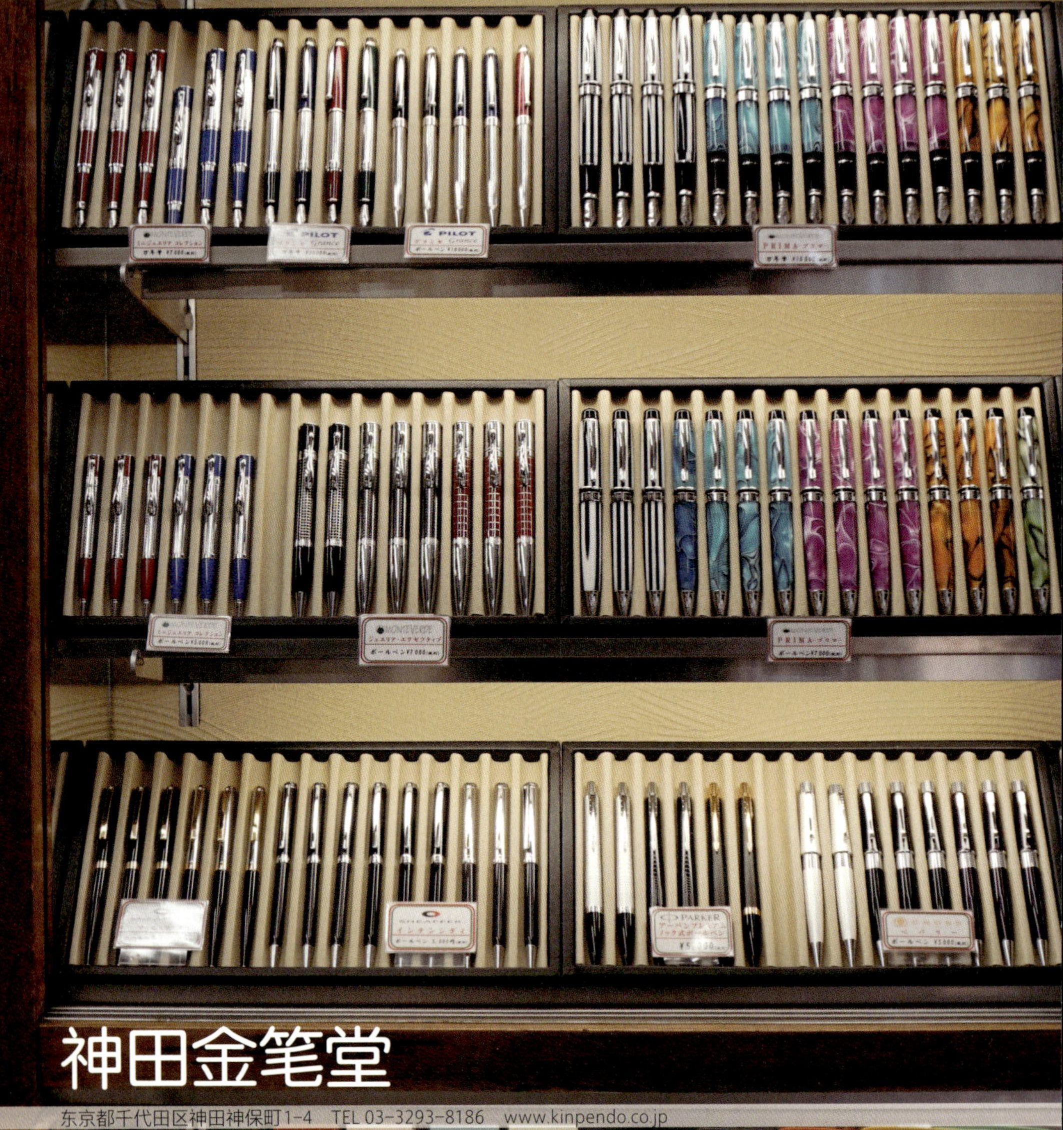

神田金笔堂

东京都千代田区神田神保町1-4　TEL 03-3293-8186　www.kinpendo.co.jp

对刚入门的新手也很友好的钢笔专卖店

神田金笔堂是一家已经迎来100周年的钢笔专卖店。可能很多人一听说老字号便会产生门槛高的印象，认为这里不是一家适合刚接触钢笔的新手的店，事实并非如此。店内不仅有各种款式的PELIKAN、PARKER、WATERMAN钢笔，还有不可错过的稀有品。并且只有在这种专卖店购买才能够享受到在购买后调整笔尖的服务。如果有需要的话，您还可以请店内的工作人员根据自己的握笔习惯或者对笔压的要求等具体条件进行推荐。

PARKER演绎出的二重唱。柔和的象牙白和明亮的橙红色

新颖的鹈鹕造型的钢笔座

(左图) 井上厦先生、高仓健先生以及中川雅也先生 (Lily Franky) 都是这里的顾客

(下图) 高仓健先生非常钟爱PELIKAN 800，据说拥有各种颜色的版本

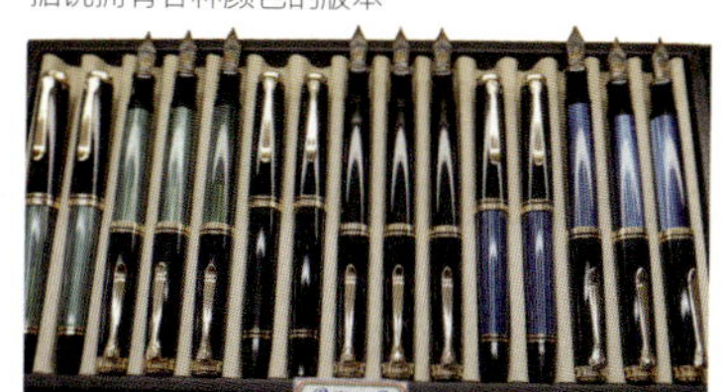

很难买到的DELTA牌钢笔

文房具カフェ
bunbougu cafe

一家可以随意使用这里文具的咖啡店

经过表参道后稍许深入步行一段路程便可以看到一处时尚区，“文具咖啡店”就在这里。最初听到店里的工作人员说“整面墙上的纸胶带都可以随意使用”的时候笔者着实吃了一惊。不仅如此，店内的笔和记号笔也都可以随意使用，甚至为设计师和插画家提供了全套360色的COPIC牌记号笔。此外，这家店的菜单也很有特色，例如“画家意大利面”“彩色铅笔柠檬汽水”等。不管怎么说，这里会让人忍不住想多待一会儿，所以如果打算前往的话，请务必确保有预留充足的时间。

文具咖啡店

东京都涩谷区神宫前4-8-1 内田大厦B1楼　TEL 03-3470-6420　www.bun-cafe.com

会让人想起中小学时代的复古文具

“36（SABURO）”的商品总是会让人忍不住发出“啊，好怀念啊”的感叹。据说店主村上幸的老家是文具店，这样的话倒是不难理解了（据说店名也是以其祖父的名字命名的）。让人怀念的文具包括各种小型印章、笔记本、便签本等原创商品。看着这些文具仿佛乘上了时光机，不自觉地回想起中小学时代小心翼翼地使用着每一样文具的美好时光。

笔者还发现了超让人怀念的文具DYMO。这是一种标签制作机，可以在硬胶带上打出字母形状的白色凸起

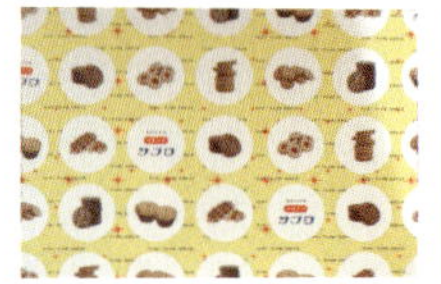

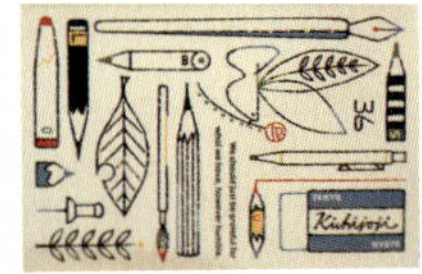

（左图）让人忍不住微笑的“郊游笔记本”
（右图）由五十音、字母等全文字种类组成的整套印章
（下图）印有点心或文具图案的明信片

原创便签纸、信纸以及小瓶胶水、黑板擦挂件等小文具也很受欢迎

36

东京都武藏野市吉祥寺本町2-4-16 原大厦2楼　TEL 0422-21-8118　www.sublo.net

一家由印刷厂经营的原创产品杂货店

这是一家由高知县的印刷厂经营的店铺。大久保淳子是一位职业插画师兼设计师，她设计出了很多原创产品。因为店铺本身有印刷技术的支持，所以可以充分利用模切、凸版、烫金等工艺制作各种奢侈的产品。这里的产品充满了纸张本身和印刷技术带来的魅力，笔者每每来到这里都会沉浸在对纸张的喜爱之情中。

配合图案的轮廓进行模切的“剪纸卡”。可以挑选需要的部件贴在卡片上（右图），这样便可以组合出自己想要的图案了

（左图）颇具人气的花瓶＆鲜花卡片可以将喜爱的种类进行自由组合
（右图）鲜花配蜂鸟的组合也十分可爱

Paper message

东京都武藏野市吉祥寺本町4-1-3　TEL 0422-27-1854　www.papermessage.jp

Sample

充满中世纪欧洲气息的神秘世界

这家神秘的店铺里堆满了从欧洲中世纪以来传承至今的传统文具和纸制品。这些充满异国风情的物品都是店主高梨浩一亲自采购回来的进口商品。这里的密封章种类繁多，据说在亚洲圈是首屈一指的。在这家独一无二的商店，您可以遇到各种满怀故事的文具。

（上图）鹅毛笔或者孔雀毛笔
（下图）精雕细琢的橡皮章。笔者家中也有不少这种藏品

密封蜡（左上图）和密封章（左图）的品种繁多
（上图）适合用来送礼的套装价格是2,580日元起

欧洲纸张发源地阿马尔菲的手工纸信件套装

这家店还有出售意大利的日晷、嘉年华的面具等文具以外的杂货

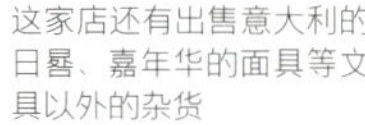

Giovanni

东京都武藏野市吉祥寺本町4-13-2　TEL 0422-20-0171　www.giovanni.jp

纯白空间中的纸之仙境

大量的纸质样品整齐地排列在纯白的空间之中，仿佛科幻小说中才会出现的场景。这里的纸包含有300个品牌2700个品种。这家店非常出名，据说书籍设计师和平面设计师都会专门来这里亲手接触纸质样品。这里不但有这么多不同品种的纸张，而且可以以A4大小一张起购，对于像笔者这样的纸爱好者可以说是天堂一般的存在。此外，还有各种纸种和颜色的原创信封出售，同样是可以一件起售。像是一张张地挑选不同色调的红色的纸这种略显浪漫的事情，只有在这家店才能够体验到。

将一张张色泽和质感都有所不同的纸装帧在一起制成的"SIKI"笔记本。为了突显渐变颜色的层次感选用了略带角度的切割方式

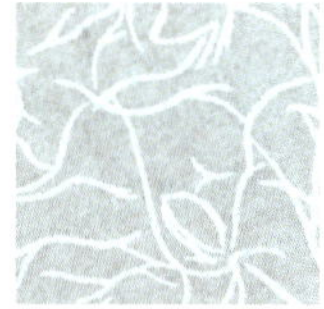

CLASSICO TRACING-FS的"星屑"、硫酸纸的"节奏""叶子"等都是有着好听名字的透写纸

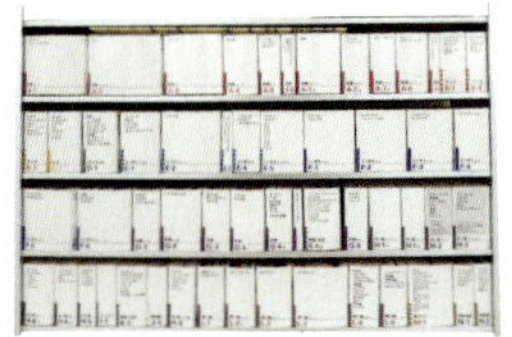

店内也设有各种品牌纸张的迷你小样

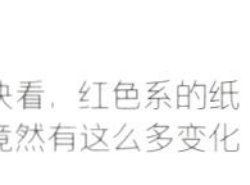

快看，红色系的纸竟然有这么多变化

竹尾样纸总店

东京都千代田区神田锦町3-18-3　TEL 03-3292-3631　takeo.co.jp/finder/mihoncho/

銘柄
から探す
ミニサンプル帳から
検索し、ご注文書に
ご記入後、カウンター
までお持ちください
色・質感
から探す
検索テーブルの
カードをスタッフに
お渡しください
用途
スタッフに
ご相談ください

美篶堂SHOP

东京都千代田区神田锦町3-18-3锦三大厦2楼梓纸总店内　TEL 03-5282-3265　www.misuzudo-b.com

这里是手工精湛的书籍装帧世界

这里是一家叫作“美篶堂”，可以自制各种精美书籍的商店。这里除了有熟练的装帧师制作的精美笔记本以及各式杂货，还会定期举办装帧培训班，帮助初学者也可以轻松愉快地学习装帧知识。在这个重视效率的世界里，这家店可以说是那些对这种传统手工艺怀抱有坚持的人的一处重要据点。

用手帕和卡纸将旧的文库本做成只属于自己的装帧本，照片中便是一册成品样品。在培训班的课程上，您也可以制作这样一本属于自己的原创书

与适合谷川俊太郎合作的“和歌本”。在手工制作的本子第一页上是活字印刷的谷川先生写的一首诗

仿佛大理石纹路一样的花纹非常漂亮

还有各种手工装帧的样本

（左图）彩虹色的方块备忘录
（下图）还可以用来当卡座的袖珍本

体验书本装帧的过程

这里是用自己带来的书籍和手帕制作出只属于自己的精装书的工坊。虽然通常会使用文库本，但是笔者这次私心选择了异形本的拙作《再次装满背包的京都旅行》来进行装帧挑战。

书签和饰带（上图），装帧用工具包（右图）等店内也有出售

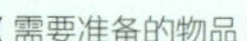

【需要准备的物品】
- 想要进行装帧的书（文库本最为合适）
- 用来做封面的布料（笔者这次选择了非常喜欢的手帕）

书签、饰带、珠罗纱、卡纸、糨糊等工具也已准备妥当

步骤1
准备好和纸来制作书的封面，用来为之后最外层的布料打底。在纸上将胶水均匀地涂抹是这个步骤的关键。

步骤2
把手帕裁切成与书本匹配的大小，之后将手帕包裹在步骤1的和纸上，注意仔细按压抚平，确保手帕与和纸完全贴合。

步骤3
将书签裁剪成比书本对角线长3～4厘米的长度，饰带则根据书本的厚度进行裁切。在这个步骤您大可以尽情地挑选喜爱的颜色。

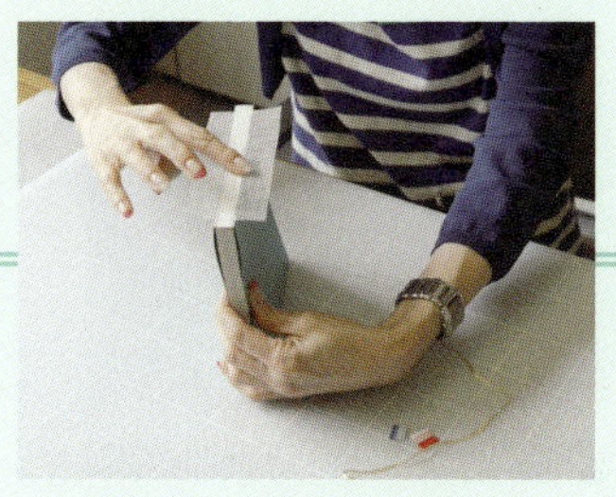

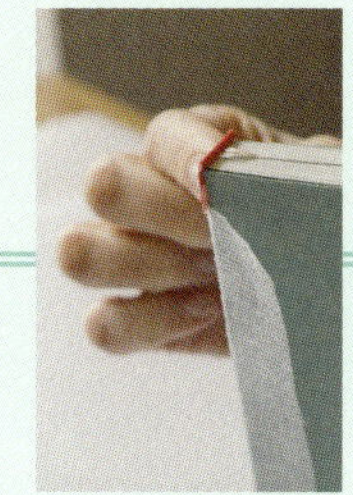

步骤4

为已经剥去原封面的书贴上衬页，用胶水将珠罗纱粘贴至书脊上，再在顶端贴上2厘米的书签。

步骤5

从贴有书签的书籍顶端开始从上到下贴上准备好的饰带。饰带两侧向书外延伸约一本书厚度的样子。

步骤6

用步骤1中的布将书的封面和封底包裹起来，布与书紧紧贴合。

步骤7

在珠罗纱和衬页上均匀地涂抹上胶水。以放射状的方式进行涂抹，注意不要涂抹至书本周围，然后贴上封面。

步骤8

合上封面，用重物压住一晚，封面的褶皱就会消失，变得平整了。

完成

到此为止用手帕制作的原创包装的书籍就完成了。笔者非常喜欢这个成品。

*举办装帧培训班的具体时间可以在美篶堂的网站上进行确认

如果您想定制活字印刷的名片

“HAGURUMA STORE”由1918年创立的信封制造商“羽车”经营，在这里可以以100张为单位定制自制名片、信封。在店内，顾客可以挑选制作用的纸张，根据模板选择想要的字体和颜色，不久便可以得到漂亮又独特的活字印刷名片了。因为是实体店，所以能够通过实物来感受产品的手感和质感。另外，公司自有品牌“Winged Wheel”的卡片和信封也是非常值得推荐给各位读者的。顺带一提，笔者公司所使用的信纸和信封都是在这里订购的。如果想要定制名片的话，需要事先电话预约。

（上图）可以下订单的柜台
（下图）在总部（大阪）的活字印刷机

Winged Wheel出品的纸制品
（上图）不同颜色的双层信封是亮点
（下图）设计风格现代的贺礼袋

（左上下图）用来挑选颜色和纸质的样品
（上图）在纸的切面上色的一种叫“边色”的工艺

HAGURUMA STORE东京表参道

东京都涩谷区神宫前4-4-5　TEL 03-5785-0719　www.haguruma.co.jp/store

BLUE BRICK
LOUNGE

满墙耀眼蓝色瓷砖，令人憧憬的咖啡店

作为南青山的地标，“yOKUMOKU”是一家老字号的西洋点心店，其明亮的蓝色外观让人印象深刻。开设在同一栋楼里的咖啡店也成为东京大受欢迎的去处，长期受到人们的喜爱。笔者最喜欢的是这里面向大街的横向靠窗的座位和绿意盎然的庭院里的露台座位。在天气晴朗的午后，笔者会在这里一边喝着咖啡（附带雪茄蛋卷），一边写着信，非常惬意。这里会让笔者回想起在青山度过的学生时代……

（上图）如果10点至18点在店内点饮料的话，会附赠十分美味的雪茄蛋卷
（中图、下图）此外还可以提供舒芙蕾式布丁，布丁式松饼等精致的甜点

BLUE BRICK LOUNGE

东京都港区南青山5-3-3　TEL 03-5485-3340　www.yokumoku.co.jp

访谈

“东京是可以找到世界上最好文具的城市”

东京文具在世界范围内是怎么样的水平？笔者就东京文具的现状与30多年来一直走在世界文具和日用杂货行业前列的DELFONICS公司法人佐藤达郎先生进行了探讨。

提 佐藤先生在世界各国的城市接触到了文具和杂货的最前线，您认为东京在文具界处于什么地位呢？

佐藤 东京是可以找到世界上最好文具的城市。这里聚集了世界各地的各种商品，大型商店和小型商店之间的竞争非常激烈，每家企业都在积极地追求与其他产品的区别化。而且，由于日本产品的标准本身就很高，所以我认为这是一片普通产品无法满足的土壤。

提 我很同意。我觉得这是因为商家和买家都各自有着非常敏锐的目光。

佐藤 是的（笑）。

提 2011年，DELFONICS公司的产品进军了巴黎。您认为日本的文具在世界范围内是被如何看待的？

佐藤 感觉日本的文具在世界上受到的关注正在日益增加。因为普遍认为日本文具有着相当优秀的质量以及一丝不苟的制作工艺，所以受到了消费者的广泛认可。

提 我听说在巴黎的分店很受欢迎。

佐藤 在巴黎开设分店的时候，我的想法是保持日本店的原有的风貌，而不是用竹子或者和纸来刻意营造日式氛围。事实上，最后也证明了这种做法是正确的。

提 那么您觉得分店在巴黎被轻易接受的原因是什么？

佐藤 我认为这是因为汽车、时尚、家

佐藤达郎（さとうたつろう）

DELFONICS公司的法人兼设计总监，于1988年创立了DELFONICS。在巴黎CARROUSEL DU LOUVRE（卢浮宫卡鲁塞勒商廊）的邀约下，在当地成立了子公司，并开设了专卖店。负责从商品到商店内部装潢的总体设计指导。并亲自前往，以欧洲为中心，购买库存的古董文具、古董家具和摆设、古董藏品等。

电等现代日本制造行业的整体口碑已经渗透到了全世界的市场上，而我们只是顺势而为。顾客们都抱着一种平淡的心态而来，都只是想在店里寻找好的商品。

提　DELFONICS创造产品的基础是什么？

佐藤　最初起源于对西方文化的憧憬。但是在追求可以满足自己的产品，追求自己真正想要的产品的过程中，真正属于DELFONICS的品质和风格也逐渐形成了起来。

提　您经常说“我们出售的不是产品，而是顾客对产品的欲求”。

佐藤　是的，正因为现在是欲望得到充分满足的时代，所以更需要有一些东西来唤起人们“想要”的欲望，我认为这就是“我”。

提　您的意思是说，不是随意地追逐世界的趋势，而是打造属于自己的潮流。

佐藤　是的。我会试着寻找自己觉得有趣的事物与顾客之间的接触点。

提　大概正因为这样，所以顾客在进店时会感到兴奋。请佐藤先生继续从东京向世界传递令人感到兴奋的文具。非常感谢您抽出时间接受这次的采访。

能与复古文具相遇的店铺

东京有很多可以看到古董文具和复古文具的店铺以及跳蚤市场。说不定在这里遇到令人心仪的文具的概率要高很多？

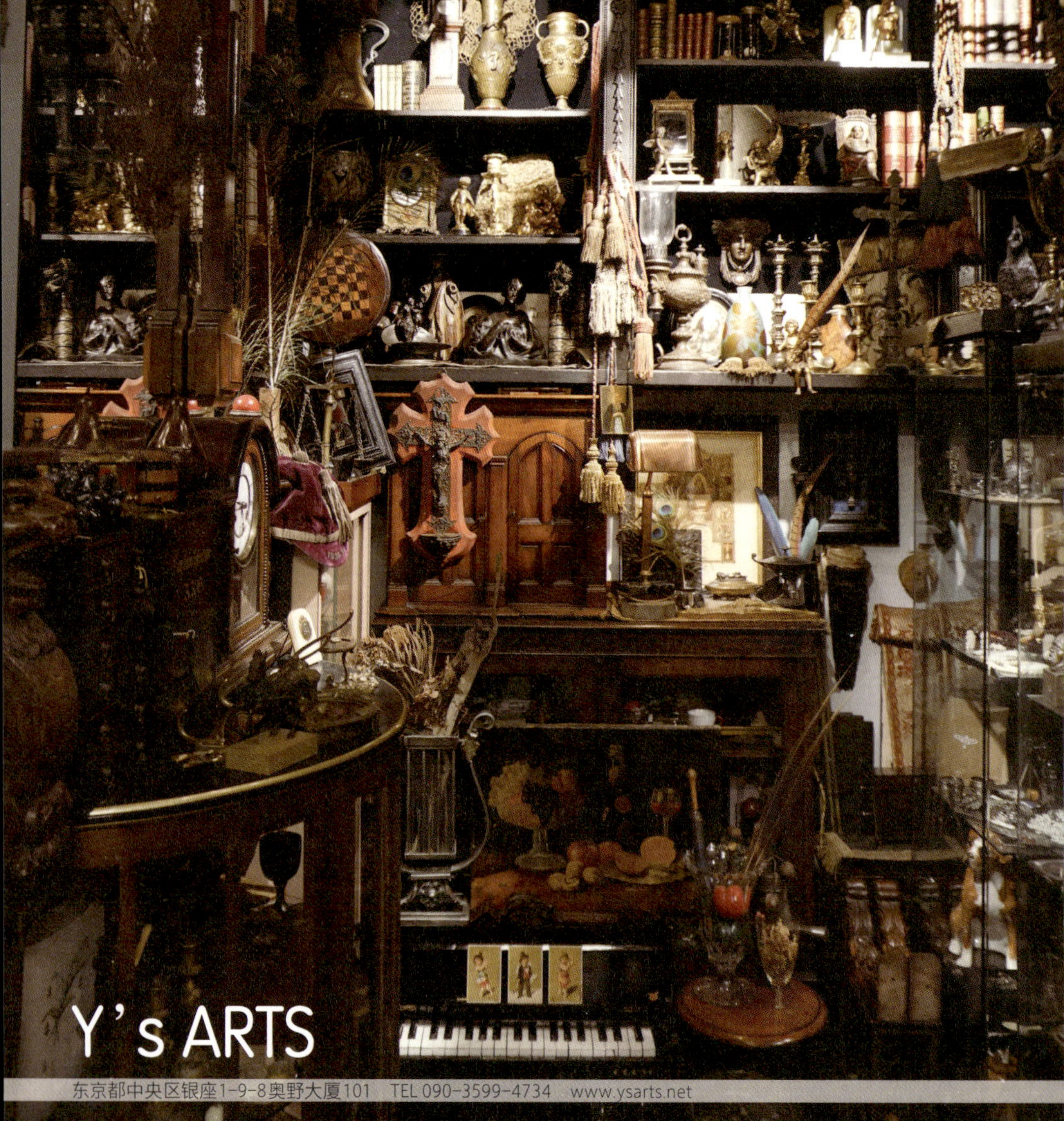
Y's ARTS
东京都中央区银座1-9-8奥野大厦101 TEL 090-3599-4734 www.ysarts.net

倾听古董们所讲述的故事

这家店铺位于银座1丁目的一栋老建筑的一角。店主TSUTSUMI YOSHIHIKO先生同时也是一名艺术家，他亲自设计了店内的布置，建造了一个密集而神秘的空间，可以说这家店本身就已经是一件艺术品。店铺内的古物会一次次向您倾诉潜藏在它们“内心”的故事。另外，这里还有很多能让人联想到“男人的书房”的物品，各种稀奇古怪的书写用具和书桌配件应有尽有。

扑克铅笔套组

每件物品背后都会有一个有趣的小故事

每天都有不同的插图。这是一本英国维多利亚时期的日记本

BISCUIT
东京都台东区谷中2-9-14　TEL 03-3823-5850　www.biscuit.co.jp

充满了可爱感与怀旧感的稀有品

这家店铺的理念是“可爱”和“怀旧”。从小就喜欢旧物的店主TAKEWAKI MASAMI对外国的古董情有独钟，因此亲自前往海外购买货品，包括伊丽莎白女王加冕纪念发夹等即便是在国外的跳蚤市场也是难得一见的稀有物品。这里是一家能让爱纸、爱旧物的人心里痒痒的店。

日本昭和时代（1926年12月25日—1989年1月7日）的旧物和欧洲的古物毫无违和感地摆在一起

据说是从南非一家已经关闭的百货商店购入的发夹，卡纸上的图案都很有特色

复古图章，设计独特的图案非常有魅力

纸质装饰品“Dresden Trim”（上图），可以贴在卡片等物品上进行装饰

三之八

东京都中央区新富2-4-9三新大厦3楼　TEL 未公开　3no8.jimdo.com

充满对旧物的热爱的空间

“三之八”位于新富町车站附近一座散发着昭和气息的建筑的3楼。“我喜欢小物件和旧物”，店主森田美绘如此表示。店内以白色和深褐色为主色调，这里陈列着让人心动的各式物件，有着像是画廊一般的氛围。令人印象深刻的是，店内的每件物品都被店主精心布置，整体格局宽敞通透。笔者很喜爱这里的物品，像是一捆捆的药包纸、夹子等，这些都让笔者爱不释手。这家店让人感到心情舒适，会不知不觉地待上很长时间。

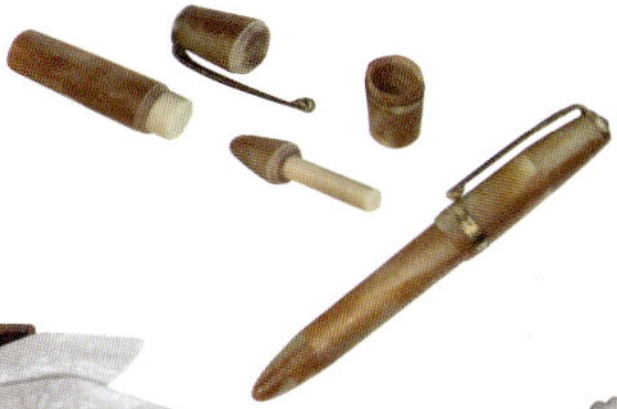

（从左上角开始以顺时针方向分别是）白色和纸气球、内置墨水的迷你钢笔、富士山形状的卡片支架、附带有邮票至今仍能使用的昭和时代的明信片、直径2～3厘米的迷你纸盒、扎成一捆的药包纸、一个个用纸包好的夹子

Pen Boutique书斋馆Aoyama

东京都港区南青山5-13-11 PANNSE大厦1楼　TEL 03-3400-3377　www.shosaikan.co.jp

爱上钢笔和古董文具

“书斋馆”位于南青山的古董街附近的幽静区域，这里拥有约30个外国品牌，搜罗了2000～3000支钢笔，是东京都内数一数二的钢笔专卖店。在宽敞的店内，明亮的玻璃橱窗里陈列着包括限定版钢笔和现在已经见不到的品牌的库存品等稀有品。除此之外，这家店还有一个吸引人的地方，那就是围绕在书斋周围的古董和复古物品。在这里，旧墨水瓶、邮票盒被精心地陈列在钢笔和架子之间，令人忍不住驻足观看。

（上图）陈列柜中是书写工具和复古物品
（上左图）印有天使羽毛的原创钢笔“myth”
（上右图）店主在旅行途中发现的可以作为手链使用的舞会用笔的复刻版。“舞会”限定1000支

陈列柜中展示着琳琅满目的日本国内外出品的钢笔，让人目不暇接。即便是稀有的品种，在这里也会以当初发行时的价格进行出售

ぺんてる

如果您需要安静地写作，那么就来这里吧

开设在“书斋馆”内的咖啡馆是个写作和阅读的好地方。这里就像一个古老的图书馆，您甚至可以阅览昭和时代的周刊和儿童杂志。另外，这里还出售一些老式风景照片的复古明信片，可以现场购买然后寄出。您要不要也尝试一下，把手机设置成静音模式，沉浸在纸质印刷的世界里？

（上图）可以购买到日本各地的风景摄影明信片
（中图、下图）昭和时代的周刊和《小学四年级》等儿童杂志（非卖品）

Pen Boutique书斋馆Aoyama咖啡

东京都港区南青山5-13-11 PANNSE大厦1楼　TEL 03-3400-3377　www.shosaikan.co.jp

在银座与稀有的钢笔相遇

Euro Box

钢笔爱好者经常会光顾的一家店铺。这里的商品以1900年初到1970年的复古钢笔为主，搜罗了各种让人心动的珍品。经过店主藤井先生完美调整，每支都是无可挑剔的文具，右边便是笔者十分喜爱的5支钢笔。

东京都中央区银座1-9-8奥野大厦407
TEL 03-3538-8388
euro-box.com

（从左到右）WATERMAN（法国威迪文）的“Red Ripple”、WATERMAN的“Patrician”、Mont Blanc（万宝龙）的“Meisterst u ck 144G Pale Green”、CONWAY STEWART的“Floral 22”、De La Rue ONOTO的“Magna 1876”

在世界各地游客云集的东京中心银座，有日本国内外钢笔收藏家聚集的钢笔专卖店。在这里可以遇到欧洲稀有商品的概率甚至比在产品的出品国还要高。

（从左到右）有着美丽蓝色的Mont Blanc“146国际联合50周年纪念笔”、PELIKAN的“400NN”、独一无二的莳绘钢笔、2款Pen Cluster的原创钢笔

Pen Cluster

在这家店里，顾客可以把世界各地的钢笔放在一起，在柜台上一支支慢慢试笔，这对钢笔爱好者来说是至高的享受。之前笔者曾尝试委托店家在出国进货时购买一些物品，果然买到了想象中的钢笔以及钢笔的写真集等。在这里有着很高的概率遇见您“一期一会”的那一支钢笔。

东京都中央区银座1-20-3
WIND银座 II 大厦3楼
TEL 03-3564-6331
pencluster.com（需要事先确认营业日）

大江户古董市场

原则上每个月在东京国际论坛地面广场举办两次。
主办方：大江户古董实行委员会
www.antique-market.jp

这是一个在市中心经常会举办的、市民可以轻松前往的跳蚤市场。因为地点的关系，在外国游客群体中也很受欢迎。这里有日式的物品，也有西式的物件，不同年代，不同流派的古玩，应有尽有。如果是喜欢昭和时代复古物品的朋友，每次来这里都有很大概率遇到自己心中的宝藏！

看起来还很好用的文件柜

复古的标签牌，上面的图案都很有趣

纸质票券。笔者也买了一卷

冰最中（一种日式点心）的袋子，一个10日元

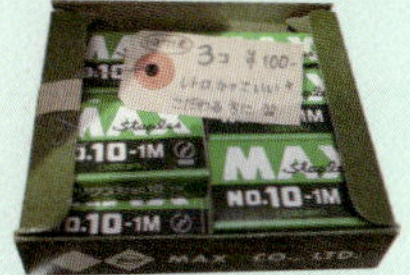

旧包装的MAX订书针

复古火柴
3个100日元

日本明治时代的土地登记簿。册子中所有的道路和街区都是手写的

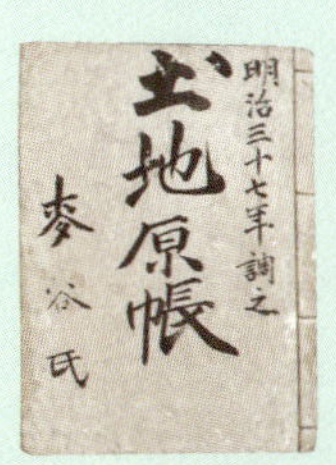
明治三十七年調之
土地原帳
麥谷氏

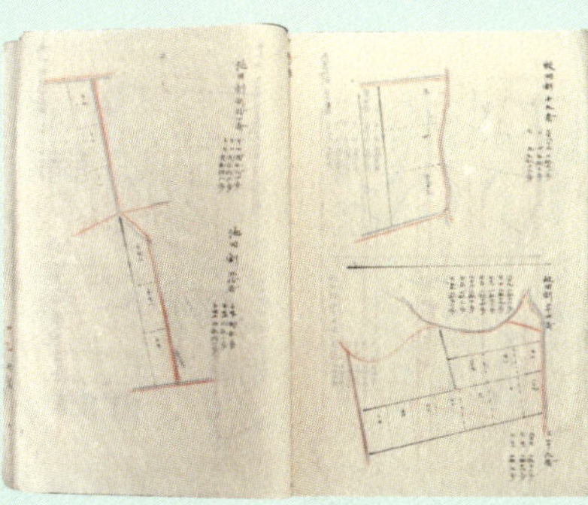

昭和三十年代玩具店的包装纸

东京跳蚤市场

在东京都内一年举办数次。
主办方：东京跳蚤市场实行委员会
tokyonominoichi.com

在大型活动现场，不仅有来自日本以外的古董文具和古董书籍，还有鲜花、美食和酒水！这里有很多独具特色的店铺，每一家都个性十足。这里有舞台，有音乐，有欢乐的氛围，就像是一个节日。来到这里的游客完全可以以一日游的心情尽情享受一整天！

有着美丽大理石花纹的古董书

复古印章

这里还有出售药瓶、骨骼标本等别具一格的店铺

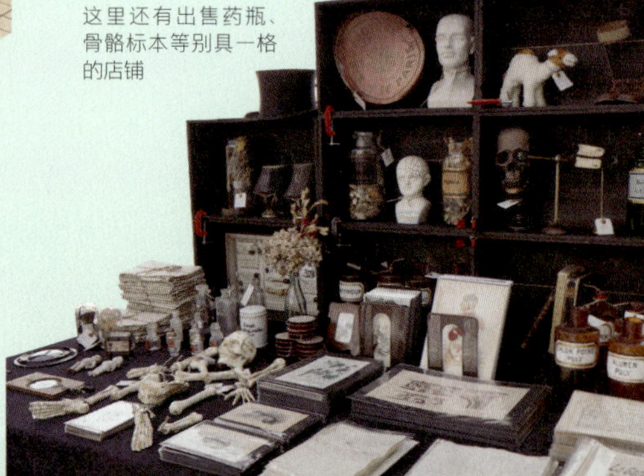

老电影的胶片和可爱的蓝色盒子

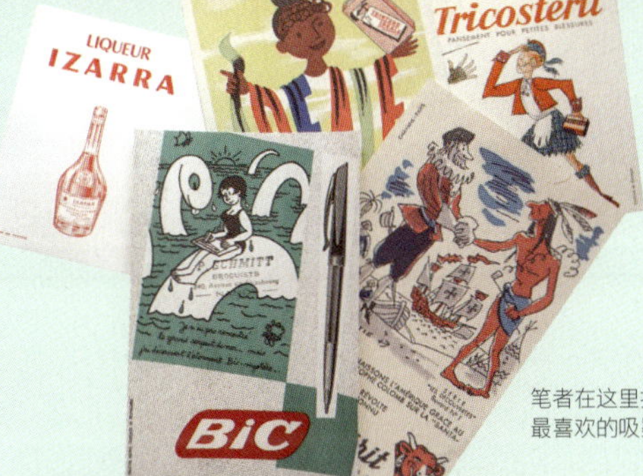

笔者在这里找到了
最喜欢的吸墨纸

来跟老熟人"Grenier Voyage"
（古董店铺名）打个招呼吧

一些小巧可爱的古董。
让人忍不住想要多看几眼

还有这么大的
旧地图

进 发 吧 ！

代官山跳蚤市场

在代官山T-SITE一年举办两次。
主办方：代官山跳蚤市场事务局
store.tsite.jp/daikanyama/

因为可以从家中步行直接前往，所以笔者总是很期待代官山跳蚤市场举办的时候。这个跳蚤市场上的商品以法国的旧物为主，因此全日本经营法国杂货的店铺都会参加。在这里，您甚至可以发现在原产国都不易找到的稀有物品。

一个法国的邮政配送袋，这种袋子一般是白麻袋，但是照片中是很罕见的蓝色，单凭这点也很值得购买

设计精美的墨盒

邮票盒。分格的大小正好适合摆放邮票

印有法国地图和埃菲尔铁塔图案的复古玻璃杯

手工制作的工具箱，上面还有钢笔手写的韵味独特的标签

（左图）20世纪五六十年代的法国学习笔记

（右图）18世纪初的一本书。凹凸不平的边缘是魅力所在

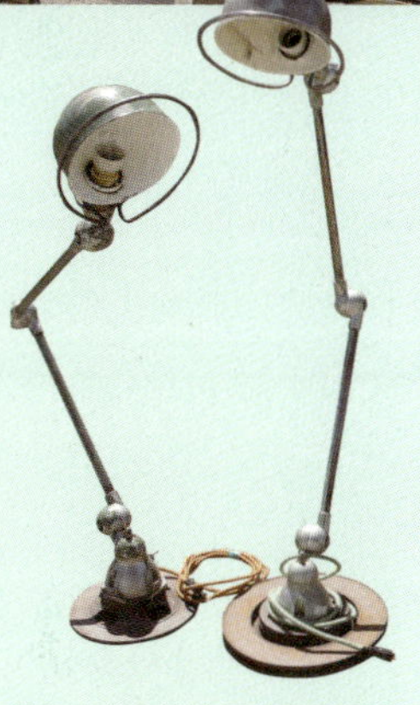

很多人会收藏的工业用照明器具，"Jieldé"出品的灯

还有品种丰富的复古印章可供选择

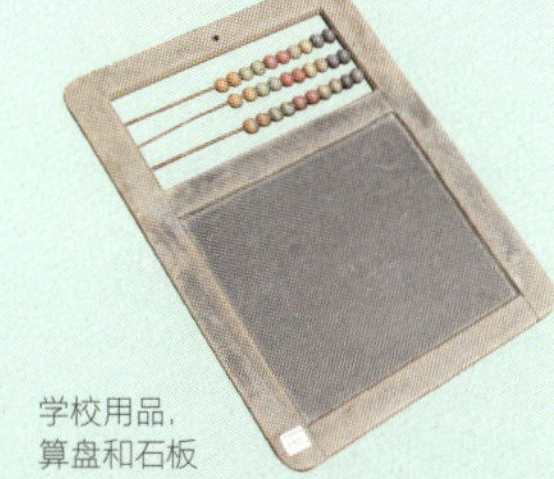

学校用品，算盘和石板

8切(273×394mm)➡B4規格に変わりました。
B4 タント
B4 マーメイド

东京的

大型文具、杂货店

东京聚集了众多其他城市很难见到的大型店铺。这些店铺不但品种丰富、型号齐全，还是可以触及文具潮流最前沿的场所。

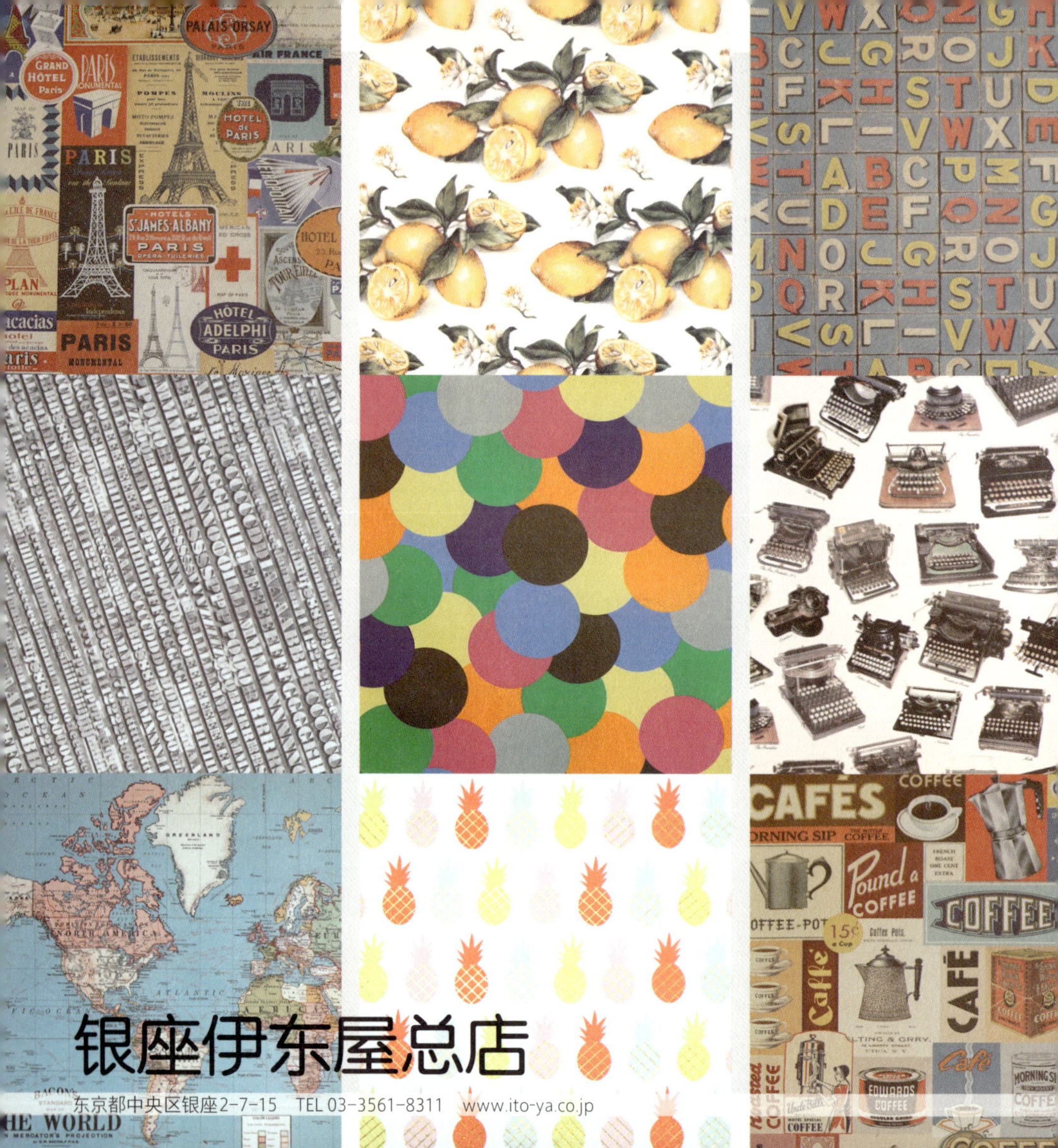
银座伊东屋总店
东京都中央区银座2-7-15　TEL 03-3561-8311　www.ito-ya.co.jp

迷失在进口包装纸的丛林中

说到购买文具，“银座伊东屋”会是个很不错的选择。它是东京文具店中的佼佼者，笔者在这里遇到了许多爱不释手的商品。主楼在2015年重新装修后被称为“G.Itoya”，而其中最能够打动笔者这个纸品爱好者的就是8楼的纸艺楼层。楼层内进口包装的品种丰富，而且色彩和图案的品位都十分独特，笔者的心灵总会因此感受到震撼。这些包装纸让前来的顾客感到着迷，比起购物，更觉得是在参观画廊。据说同一种图案不一定会重复进货，所以在店内的相遇很可能是一期一会的体验。在这里，您可以沉浸在进口纸的魅力中，这些设计与日本的会有所不同。

如果想包装出具有个性特色的礼物，可以前往包装设计师所在的订购处，在那里一边提出要求一边等待完成（需要收费）

Itoya里的竹尾见本帖

在“竹尾见本帖”楼层可以直观地感受纸所带来的丰富、深厚的情感。来到这层，整面墙上所展示的各种颜色、品种的纸张样品会让您感到眼前一亮。在这里可以选购各种颜色的信封和卡片，数量从单张到多张都可以。

选用您喜爱的进口纸

将选好的包装纸包在糖果盒外，制成属于自己的原创包装盒。可以将制作过程中产生的边角料做成礼品标签。

充满自信的银座 伊东屋的原创文具

从品质上乘的信纸、信封到邮票，
为您介绍店内可以找到的原创文具。

带手柄的手动削笔器。
红色的部分是橡皮擦

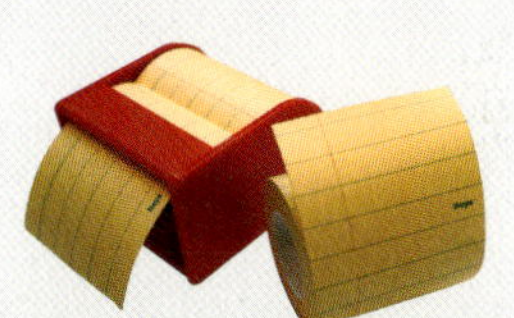

可以任意裁切的
黏性卷筒备忘录

专门为满足人们寄短信需求而设计的，“单张完结信纸”和双层信封

有很多可爱图案可以选择的
原创邮票

原创扑克牌，黑色的背景设计很时尚

受到全世界喜爱的简洁、高品质的文具

在文具、杂货的大型店铺云集的银座地区，有一家新开的店，那就是“无印良品银座店”，这里有着世界级旗舰店才有的规模和地理位置。3楼的文具部货源充足，在店里可以找到各种各样的文具产品。可以看到照片中高达天花板的货架，近处巨大的篮子中都摆满了各种笔、笔记本等文具。据悉，无印良品文具因为它优秀的品质、简洁的设计、合理的价格受到了前来银座旅游的外国游客的欢迎。这里是无印良品向世界展示自身品牌魅力的新圣地。

像画廊一样的陈列方式是银座店的一大特色

把信纸架变成咖啡滤纸的储藏器！您可以从店内的展示中获得新的灵感

无印良品银座店

东京都中央区银座3-3-5　TEL 03-3538-1311　shop.muji.com/jp/ginza/

199
299
高透明フィルム
アルバム・2段
3冊組
990

如何使用无印良品的文具

找到属于自己的使用方法是无印良品使用过程中的乐趣。因为设计简单，所以使用方法的各种创意会不断涌现。

因为聚丙烯眼镜盒可以立起来使用，所以可以把笔、订书机等文具放进去，这样就成了办公套装。这种使用方法在办公室里很受欢迎

（从左上角开始以顺时针方向）以无印良品的颜色为灵感的纸胶带、色彩缤纷的迷你容器、适合各种用途的“4格便签”、可以放置便签的“S号聚丙烯小物收纳盒”、可以放置贵重书写工具的聚丙烯收纳盒（丝绒内盒）

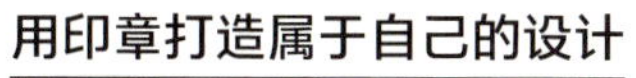

用印章打造属于自己的设计

可以自由地在购买的商品上盖章，这也是来到无印良品的乐趣之一。

可以通过盖上多个同样的图案对购买的物品进行设计

长达10米的樟木吧台让人印象深刻

在“ATELIER MUJI GINZA”的沙龙内最引人注目的位置是由一棵400年树龄的樟树制成的10米长的吧台，外面的光线透过吧台旁的窗户柔和地照射进来，形成了这个令人心旷神怡的美妙空间。打开菜单，上面不但有各种茶和咖啡，还有美味的鸡尾酒。最特别的是还有椅子的目录，上面介绍了店内所摆放的世界名作级的椅子。笔者坐在自己最喜爱的那把名作级的椅子上，欣赏着眼前的美景，想着该给谁写信的时候不由自主地露出了微笑。

（上图）长长的吧台旁摆放着世界名作级的椅子

（右图）这里还有一个可以自由查阅的图书馆，顾客可以把书带到咖啡馆的区域

（左图）不含酒精的莫吉托。毫不吝啬地使用了足量的薄荷，清香扑鼻，最适合用来提神

ATELIER无印良品银座店沙龙

ATELIER MUJI GINZA Salon

东京都中央区银座3-3-5 6楼　TEL 03-3538-1311（负责人）　shop.muji.com/jp/ginza/

世界堂新宿总店

东京都新宿区新宿3-1-1世界堂大厦 TEL 03-5379-1111 www.sekaido.co.jp

创意灵感不断涌现的画材殿堂

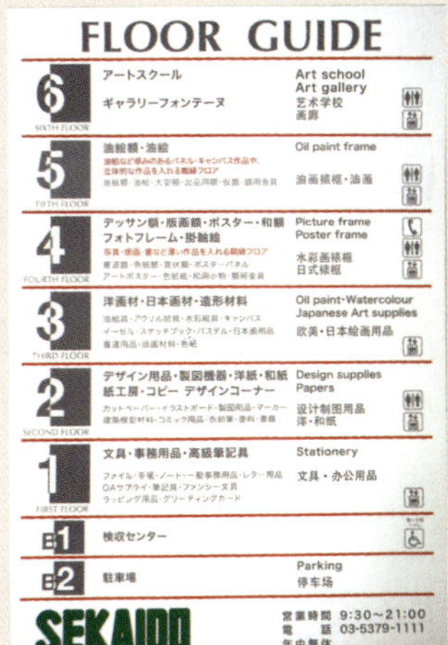

出售画材的大型店“世界堂”外挂着“日本最便宜的店”的招牌。因为在这里能够以低廉的价格购买到西洋画、日本画所需的画材，还有书法工具等，所以在美术、设计专业的学生中很有人气。虽然1楼的文具楼层中的各色货品也很充足，但是前来这里的多是购买绘画和设计用品。这里有只有在专门的画材店才可以接触到的商品，这些不常见的产品可能会为您提供一些使用时的新思路！那些小型画布、小型色纸、各种小物品正是我们的目标。

包括公司自有品牌“ARTON”等厂家出品的7种画布

纸质调色板，如果可以在上面写信的话似乎很有趣

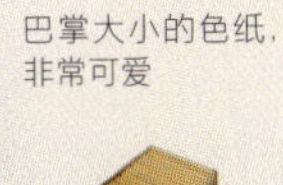

巴掌大小的色纸，非常可爱

在日本画材专卖角可以买到荧光色和珠光色

数量和品种都应有尽有

压倒性的数量是大型店的标志，种类繁多更是专卖店的证明。笔者尤其喜欢4楼和5楼的相框，在这里购买的迷你相框非常适合用来展示在跳蚤市场上购买的复古明信片或照片。可能是因为这里的艺术气息，所以让人的想象力比平时更加丰富，创意更加广阔。

（从左至右图）4楼：外形样品，3楼：堆积如山的自有品牌画布，2楼：醒目的彩色铅笔柜台

绘画用品的使用方法

笔者试着用黑色画布和小型色纸自制了展示用的文具架、陈列架和留言卡。

展示心爱的复古文具陈列架。笔者特意选择了黑色，这样可以更好地衬托出摆放在上面的物品

手掌大小的可爱色纸，贴上旧邮票就成了自制留言卡

发现文具DIY乐趣的圣地

这里像所有大型文具店一样，各种文具的品种都非常齐全，不过笔者想推荐的是文具的DIY。说到东急手创馆新宿店，最出名的自然是DIY，顾客可以在这里找到所有能想到的手工制作材料。

光是白色封面的笔记本就有这么多种

整面墙壁的货架上
展示着各种笔记本

东急手创馆新宿店

东京都涩谷区驮千谷5-24-2时代广场大厦2～8楼　TEL 03-5361-3111　shinjuku.tokyu-hands.co.jp

CREATIVE LIFE STORE
TOKYU HANDS
Belt Station
Belt Station
CRAFT
レザーキット
スタッズ

这次的目标是手工艺品卖场。皮革、纽扣、贴花、流苏和许多其他材料，让使用者的创意源源不断。在这里，您可以选用皮革的边角料制作书签，也可以用纽扣装饰自己的笔记本，关于手工文具的独特创意会不断涌现出来。所以，试着发现DIY文具的乐趣吧。

各种各样的纽扣和缎带。纽扣1颗起售，缎带10厘米起售

用最普通的笔记本和纽扣进行DIY

笔者用纽扣和皮筋制成了一条特殊的绑带，用来配合毫无装饰的白色笔记本。

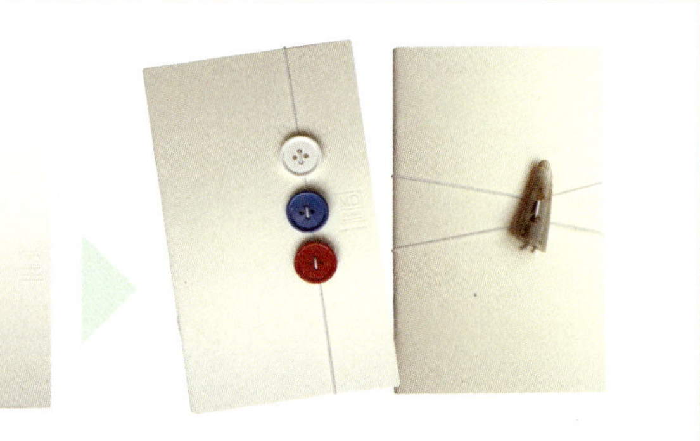

边角料也可以派上大用场

每袋皮革边角料售价700日元，
里面装满了皮革碎片

在手工艺品卖场中，笔者最推荐的就是皮革边角料组合包。您可以通过恰当的剪裁，将这些边角料制成明信片、杯垫、书签等。

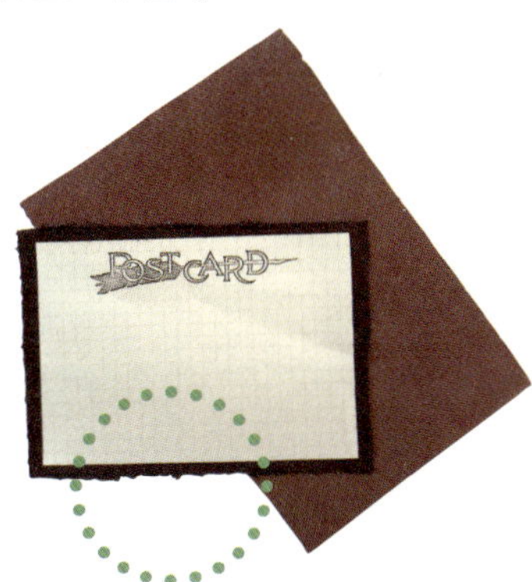

只要剪裁得当，
皮革也能够变
成明信片

将皮革的碎片打孔，
就可以制成书签

用皮革碎片当杯垫，
不规则的形状才是
重点！

在昭和风格的纯咖啡店内度过充满怀旧气息的时光

创立于昭和三十九年（1964年）的“咖啡西武”，是一家非常有名的纯咖啡店。店内的装潢选用了艺术风格的照明灯具、花窗玻璃、天鹅绒沙发。这里的特色甜品是水果、鲜奶油、甜筒制成的大芭菲。相信您在下单之后一定会为端上来的，这插满了甜筒的分量感到惊讶的。坐在店内，沉浸在昭和时代的氛围中，不是使用手机发短信，而是拿出信纸静静地写一封信，这就是笔者想要的复古生活。

红色天鹅绒椅子，花窗玻璃灯，店内到处都是属于昭和时代的“摩登”感

咖啡西武

东京都新宿区新宿3-34-9 Metro大厦2、3楼　TEL 03-3354-1441　metro-net.co.jp/business/food/coffee_seibu/

SHIMOJIMA浅草桥总店

东京都台东区浅草桥1-30-10　TEL 03-3863-5501　www.shimojima.co.jp

有着大量各式包装用品的宝库

“SHIMAJIMA”是以包装纸、包装材料等各种包装用品为主的专卖店。作为一家以商务用途为主的“专卖店”，这里提供的颜色、种类、尺寸都非常丰富，价格也低得惊人！绝对是挑选包装用品的好地方。笔者比较喜欢的是从5楼到8楼的上层部分。8楼是箱盒楼层，这里从最普通的纸箱到珠宝用的首饰盒都一应俱全。7楼则是笔者最喜欢的包装纸楼层，在这里可以与那些令人怀念的图案再会，也会有新的发现。庞大的品种数量不断地刺激着创作欲望，让笔者涌现出一个个新的包装想法。

发现了THANK YOU胶带

小包装的包装纸也是常备用品

超级迷你纸盒！

缓冲泡沫也有各种有趣的形状！

8楼彩色胶带的颜色种类也十分丰富，只是用来封纸箱似乎有点可惜！

一目了然的陈列方式令人感动

按照长度、宽度、深度进行分类整理，共有数十种不同的尺寸，每个样品都有标记了尺寸的纸袋，以及用便签纸对尺寸进行备注，还提供包装纸以便顾客可以带回家等。都是从顾客角度设想的人性化服务，店家的心思实在令人感动。

包装纸专卖角，有很多怀旧的图案

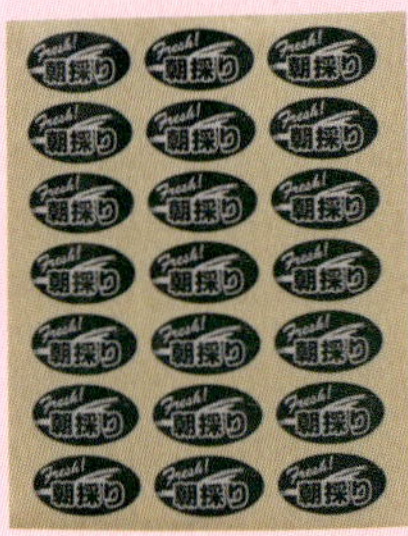

还有在超市中可以看到的“新鲜！刚摘”贴纸和可爱的警示贴纸

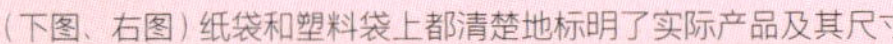

（下图、右图）纸袋和塑料袋上都清楚地标明了实际产品及其尺寸

这个包装怎么样？

在SHIMAJIMA总能找到让人灵光乍现的素材。彩色胶带可以让普通的纸箱变身为外观可爱的包装盒，在透明的心形塑料盒中放入缓冲材料的话就成了很好的礼物盒。二者搭配在一起，相信收到礼物的人一定会很高兴的！

心形盒也有其他颜色，另外还有星形盒

抢眼的设计和低廉的价格

店内空间设计让人联想到纽约SOHO仓库，排列着充满美国复古风格的物品。从文具、杂货、家具到食品，超过5000件商品全部由公司自己设计和生产。首先吸引笔者目光的是抢眼的设计风格，之后令笔者感到惊讶的是商品的价格。笔记本、卡片之类的东西很多都是在100日元以下，但是看起来却完全不会觉得廉价。这家店里有很多这样的东西，您完全可以大量购买，然后作为小礼物送给身边的朋友。

都是原创产品，只有在这里才能购买到

（从左上角开始以顺时针方向）便签纸（2P）98日元、留言卡98日元，礼品袋390日元、A5文件夹88日元、A5笔记本70日元、单词卡98日元

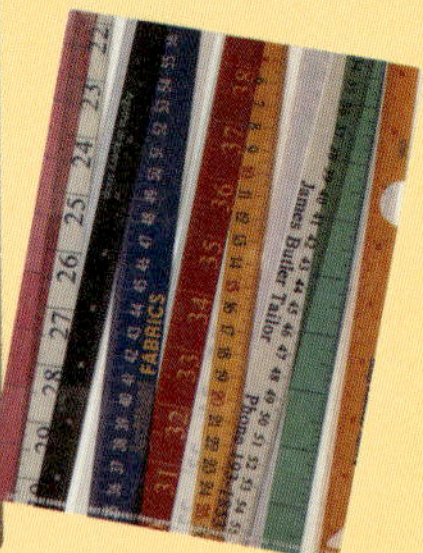

AWESOME STORE 原宿表参道店

东京都涩谷区神宫前5-8-7 IIDA大厦1楼、负1楼　TEL 03-6450-6021　www.awesomestore.jp

150
590

买派对用品，来AWESOME！

如果您在布置派对场地时遇到困难的话，AWESOME就是您需要去的地方。饰品、卡片，还有原创设计的气球，您可以在这里找到品位出众的装饰品。

（从左到右）派对拉旗 THANK YOU 290日元、生日蛋糕挂旗290日元、“祝”字挂旗、派对拉炮98日元/根、派对纸帽子Cool Blud 250日元、纸球Fans YL 220日元、气球贴纸Balloon 450日元

别具风格的礼品包装创意

如果想要让自己的礼物看起来更有品位，可以用书外形的盒子（490日元起）或者黄麻布袋（190日元）将礼物进行礼品包装。

（右图）黄麻布袋190日元、A6线圈笔记本Lucas 80日元、A6线圈便条本Logo 90日元、A5笔记本＆110日元
（左图）书本外形包装盒 L号Fibonacci 1,280日元、M号Music Books 980日元、M号At Home 980日元、S号Minimalism 490日元、项链490日元、发卡690日元、发梳490日元

银座 Loft

东京都中央区银座2-4-6银座Velvia馆1～6楼　TEL 03-3562-6210　www.loft.co.jp/ginzaloft

一定要去看看这里的独家推荐角！

“银座Loft” 5楼的布局宽敞，顾客可以在这里慢慢地选购自己需要的商品。这里仅文具就多达25,000件，如果您也是文具爱好者，相信可以在这里待上半天的时间。特别值得一提的是店内的“推荐角”，在这里您可以找到一系列店家自己订购的优质产品，以及其他地方不容易找到的商品。

宽敞的通道，带着行李箱或者婴儿车也可以轻松地通过。奢华的占地面积给人带来舒适感

会随着季节变化而有所不同的活动角也很有魅力，在笔者采访期间这里陈列的是包括红包袋在内的日式纸类杂货

该店铺位于富士胶片总部的旧址，因此便有了这个期间限定的“富士角”

能够发现精品的货架

在“推荐角”，汇集了世界各地的手工产品，不但注重品质，而且具有美感，在这里经常可以发现一些令人意外的精品。笔者非常喜欢这个“推荐角”，因为它也很好地体现了店家的经营理念。

厚达2,000页的“TSUBA MEMO高塔”和只有火柴盒大小的“TSUBAME NOTE”，二者都是限量品。据说制作过程需要大量的时间

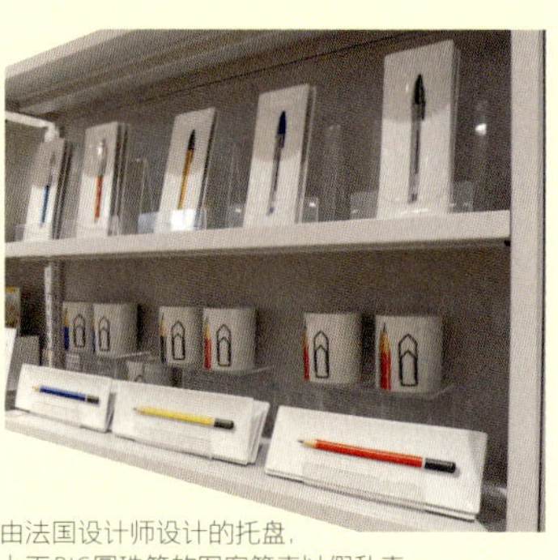

由法国设计师设计的托盘，上面BIC圆珠笔的图案简直以假乱真

通过电镀技术进行制作，并且进一步加工的回形针。玻璃瓶装，500日元满满一瓶

刀刃锋利不凡的中岛重久堂削笔器

能够享受定制化服务的“LOFT & Fab”

在文具楼层还设有数字加工工作间。除了常见的刻字以外，还可以将照片、图案打印或者雕刻在顾客带来的手机壳等物品上。

可以制作独一无二的缎带或者胶带

使用起来非常便利的超大工作台

可以在工作台上写卡片，又或者是用这里的提供的材料进行包装装饰。购物后马上就可以现场加工，非常便利！

只有银座店才有的纸质礼品包装袋，可以用附带的笔和胶带来进一步加工装饰

PARTS SERIES 110
千代ぽけっと

出售和纸和日式文具的店铺

从江户时代开始便有很多纸店开设在东京，这也是当地的一个特色。何不借此机会重新领略一下日本引以为傲的和纸的魅力？

榛原

东京都中央区日本桥2-7-1东京日本桥塔　TEL 03-3272-3801　www.haibara.co.jp

进入店内，迎面便是五彩缤纷的千代纸展示架

象征日本纸文化的店铺

店铺“榛原”建立在日本桥的众多高耸建筑物中。数字化制作和传统工艺构建的现代化建筑外观令人印象深刻，不过这家店的历史悠久，创立于1806年，至今已有200多年。店内的原创商品种类也很丰富，像是由从明治时代开始一直活跃到大正年代的人气画家绘制的“榛原千代纸”便是其中极具代表性的产品。此外，诸如信纸、信封、卡片等原创纸质商品也在注重传统和手工价值的同时，还能够感受到某种现代感的设计性。店内还提供现场包装的服务（需付费），不如在选购重要礼物的时候试试这里的包装？这里是一家将日本纸文化传承至今，具有高度美感的精致店铺。

以创业以来的设计为基础，采用原创图案进行设计的“榛原千代纸”。照片中是颇具代表性的“色硝子”

华丽且具有现代感的榛原原创产品

获得Good Design奖的“蛇腹信笺”

“色硝子”的图案也被使用在购物袋上

架子的左半边所陈列的是用榛原千代纸制成的原创御朱印帐

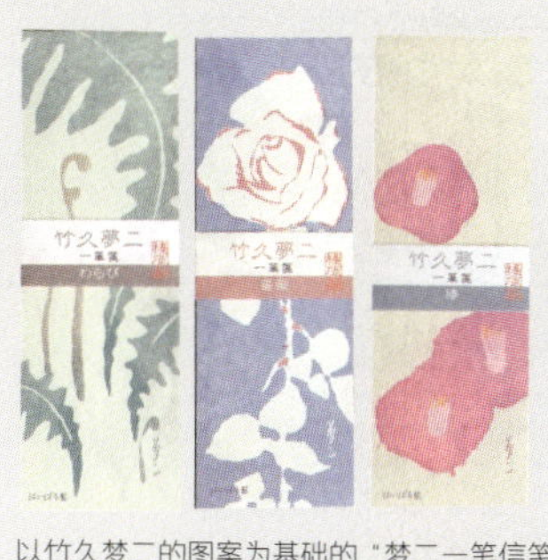

以竹久梦二的图案为基础的“梦二一笔信笺”

一句话信息的和纸卡组

以榛原的流行图案为基础设计的红包袋

店内的包装服务（需付费）

重要的礼物自然少不了包装。如果顾客有需要的话，店内还会提供漂亮的包装服务。您可以从这项包装服务中很好地感受日本的“包”与“结”文化。

盒子的内侧包裹住商品的是薄而精致的“云龙纸”

店内包装用的和纸细绳，据说最长可达360厘米

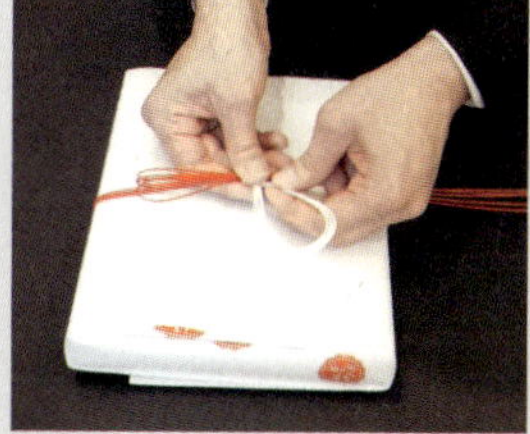

一边将一根根和纸细绳整理好，避免交叉，一边将其系成漂亮的蝴蝶结

可以根据盒子的大小进行选择，然后用熨斗贴上便算完成

东京鸠居堂银座总店
东京都中央区银座5-7-4　TEL 03-3571-4429　www.kyukyodo.co.jp

200种色彩鲜艳的精美丝网印刷明信片

位于银座大街的老字号“东京鸠居堂银座总店”自创立以来便长期经营日本香、书画用品、和纸制品。鸠居堂因信纸、信封等原创设计产品而广为人知，其中最受欢迎的就是用丝网印刷技术印制的原创明信片。明信片以其鲜艳的色泽和独特的质感吸引了众多忠实顾客，这里有200多种明信片可供选择。店家会根据季节从中挑选出合适的图案陈列在店内显眼的位置。要不要试试在舒缓心情的香氛包围中，寻找自己心爱的图案？

笔者很喜欢店内印着鸽子的包装纸和花草图案的袋子

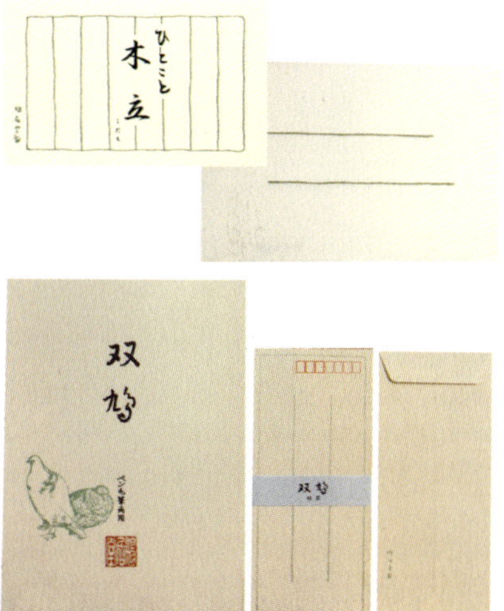

包括信纸、信封和红包袋在内的大多数产品都是公司自己生产的

一家可以在宽敞空间中与和纸进行亲密接触的商店

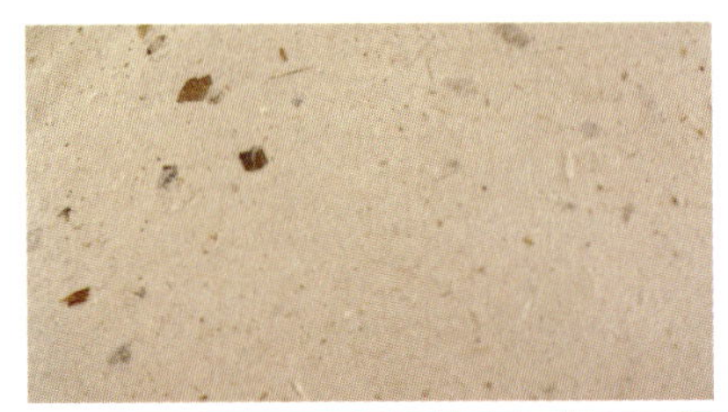

“和纸TAKAMURA”创立于昭和四年(1929年)，位于池袋的黄金地段。店内宽敞，手工和纸的种类繁多，都是从生产地直购的产品。“纸张是具有生命的，正因为是一期一会所以才会有趣”，第三代执行董事高村光朗这么说道。除了有漂亮的半透明花纹的“落水纸”，还有品位独特的“手漉粕纸”、难得一见的“图引用纸”等，此外还有制作灯笼、风筝等物品的素材用和纸，日式小物件的品种也很丰富。顾客可以在宽敞的店内舒适地感受和纸的魅力，纸、心、匠人精神在这里相遇。

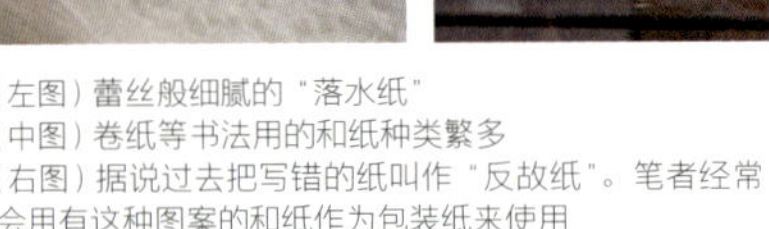

(左图) 蕾丝般细腻的“落水纸”
(中图) 卷纸等书法用的和纸种类繁多
(右图) 据说过去把写错的纸叫作“反故纸”。笔者经常会用有这种图案的和纸作为包装纸来使用

使用了和纸的照明，用柔和的灯光营造平静的空间

和纸TAKAMURA

东京都丰岛区东池袋1-1-2　TEL 03-3971-7111　www.wagami-takamura.com

MENU

自大正九年（1920年）经营至今的老字号西点店的咖啡厅

咖啡店“TAKASE”位于池袋站前的老字号西点店的2楼。这家店的菜单封面和饼干罐上都有画家东乡青儿绘制的画作，环顾四周，还可以看到原画作为装饰静静地陈列在店内。除了蛋糕和芭菲，这里还提供各种日式甜品，像是豆沙水果凉粉、年糕小豆粥等。店内的怀旧气氛仿佛把人带到了昭和时代，非常适合静静地写封信。

笔者的数个战利品（笑），带你们回家

可以品尝到正统派的甜品

店内陈列着画家东乡青儿的画作

TAKASE池袋总店

东京都丰岛区东池袋1-1-4　TEL 03-3971-0211　www.takase-yogashi.com

和纸山形屋纸店

东京都千代田区神田神保町2-17　TEL 03-3263-0801　www.yamagataya-kamiten.co.jp

搜罗了全日本各地稀有的手漉和纸

位于神田神保町的“山形屋纸店”有着一百多年的悠久历史。这家店的魅力在于店主田记有子会亲自前往日本各地的和纸产地，与当地的工匠们直接交涉以后购买来的稀有手漉和纸。除了根据产地分类进行展示的和纸的明信片、信笺套装，还可以拜托店家拿出收纳在抽屉深处的、混入了花瓣或毛线的手漉和纸，又或者是用泥、蓝染染成的特殊和纸。日本有着在世界范围内引以为傲的和纸。您不想尝试接触一下它所拥有的深厚魅力吗？

和纸艺术家的作品很丰富。照片中为用绣球花花瓣制作成的肥前名尾手漉和纸

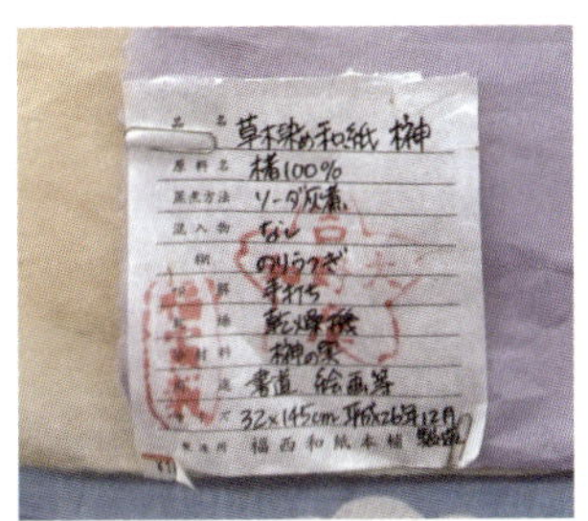

制造年月、产地、原料等都被详细地列了出来

根据产地进行分类陈列的和纸明信片。可以试试比较一下它们之间风格的差异

照片中为印有富士山图案的最高级手漉和纸的信纸与卡片的套装，选用桐箱包装，充满了对手工艺的敬意，售价18,000日元

还有可以轻松体验和纸魅力的时尚小物件

重建前继承的抽屉，里面装满了珍贵的和纸

绚丽多彩的江户千代纸老店

江户时代末期，作为玩具绘画的出版商创立了“菊寿堂ISE辰”。走入店内，您就能够看到一个华丽的江户千代纸世界。千代纸的原创图案设计充满了设计师的智慧，大奉书千代纸、精致的千代箱、笔记本、团扇等五颜六色的千代纸物品令人目眩神迷。由工匠一版一版手工制成的“传承木板手摺”可以说是一件艺术品。这就是成熟的江户文化之精髓！这里是笔者在谷中散步时必去的一家店铺。

外国人也非常喜爱的千代箱、千代笔记本等

（上图）店内摆满了五彩缤纷的千代纸和千代纸制品
（下图）团扇的风格花样也很丰富

菊寿堂ISE辰谷中总店

东京都台东区谷中2-18-9　TEL 03-3823-1453　www.isetatsu.com

M

书店和文具

近年来，东京增加了很多文具、杂货贩售部货品齐全的书店。在这里您能够发现只有书店才有的、充满知性和成熟气息的商品。

代官山茑屋书店

东京都涩谷区猿乐町17-5　TEL 03-3770-2525　store.tsite.jp/daikanyama/floor/shop/tsutaya-books/

汇聚了以成熟男性为目标群体的硬核精品

笔者每周都要去一两次“代官山茑屋书店”。在店内的文具角，吸引人眼球的是直达天花板的书写工具展示柜。数量约有1,000支，不仅有PELIKAN、WATERMAN这种王道品牌，这里其他品牌的种类也很丰富，像是Cleo Skribent钢笔这种在日本国内很少见的牌子。此外，以成熟男性为设计对象的“金属系”配件也很出色。您会发现一些略显狂热的硬核精品，比如使用了航空器技术制作的名片盒、钛尺等。

（左图）与Sailor钢笔合作的180支限量钢笔
（右图）据说很多外国人都会想要的纪念品，“活字书签”

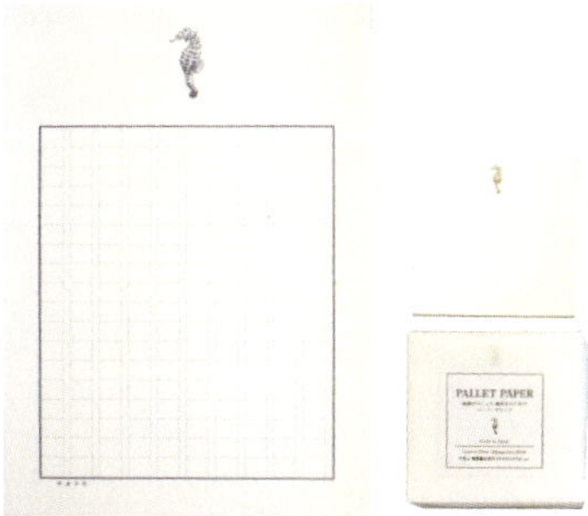

有海马标志的，代官山茑屋书店限定的原稿纸和备忘录

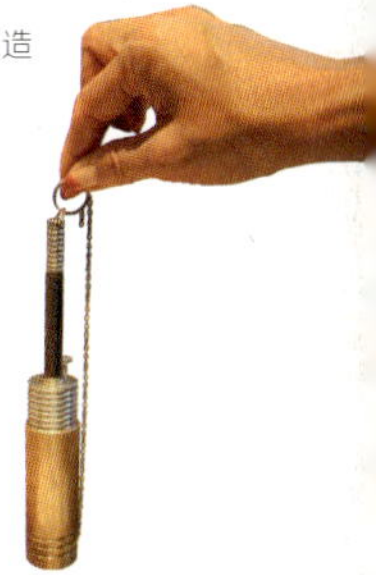

以微米级精度制造的笔和笔架

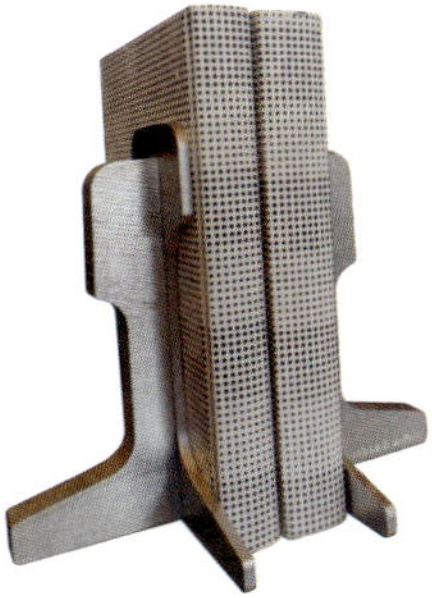

再利用铁轨制成的书挡，非常沉

采用航空器技术制作的名片盒

用方程式赛车的刹车做的笔和支架

丸善日本桥店

东京都中央区日本桥2-3-10　TEL 03-6214-2001　honto.jp/store/detail_1575100_14HB310.html

充满文学气息的文具店

“丸善”书店创立于明治二年（1869年）。在日本现代化的黎明时期，进口和销售被称为洋书和“文化杂货”的钢笔和打字机。现在它是一个大型的书店，仅在东京就有12家分店，这里的文具柜台内货品种类也相当充实，尤其是钢笔。在这个有着悠久历史的地方，日本桥店的文具柜台内的品种也非常丰富。另外，这里的信纸、信封等原创文具也散发着文学和历史的气息。只要把这里的商品拿在手里，就能够找到让笔者回到自己还是文学少女的时候。

封面的设计让人感受到历史感

为纪念创立150周年而推出的众多纪念品。以颇有渊源的文学作品《柠檬》（作者梶井基次郎）为原型的柠檬色钢笔和墨水以及其他多种产品。（因为限定产品，所以有可能会断货）

教文馆EIN-KAREM
东京都中央区银座4-5-1教文馆大厦4楼　TEL 03-5250-5052　www.kyobunkwan.co.jp/ein-karem/

银座的教堂般的幽静空间

明治十八年（1885年），老牌书店“教文馆”创立了一家叫作“EIN-KAREM”的基督教书店。这是一家以经营教会用品为主的文具、杂货店，笔者很喜欢这里的“教会文具”。在笔者还在上小学的时候，收集了教会图案的迷你卡片和明信片。店内陈列着和那个时候的设计几乎一样的卡片，这些卡片都美丽得治愈人心，笔者也很推荐在平时使用。

这里提供从基督教图案到日常信息卡的各种产品

摄影：古书街神保町

参观古书街神保町

对于一名纸品收藏爱好者，神保町可以说是一座宝山。笔者来到这里的目的并不是寻找书籍来阅读，而是为了寻找可以当作藏品来爱护的旧书。旧书的魅力无穷，有泛黄的纸张，有能感受到凹凸感的活版印刷，还有可以窥见手工制作的装帧痕迹等。

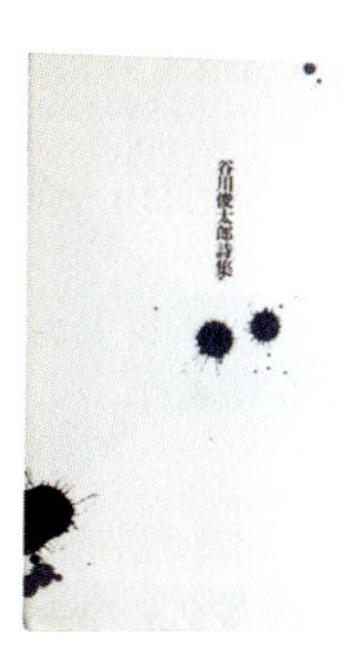

谷川俊太郎的诗集，笔者被封面交错翻转的美妙设计所吸引

一本旧书，封面采用了富有时代感的古朴手写字体

笔者在一家旧书店里找到了一本1928年的德国旧杂志！用发黄的旧书页作为素材制成了原创信封

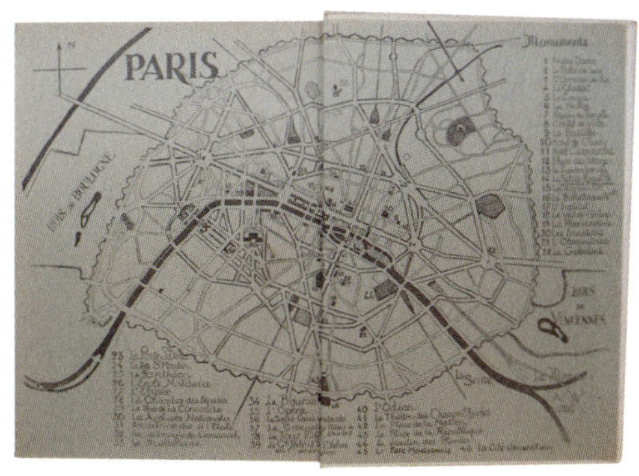

一本西方书籍，书后有手绘的巴黎市内地图

护封图鉴

书的护封是书店的脸面，它们代表了一家书店的历史和特色。下面是笔者从东京书店里挑选出来的一些精彩护封。

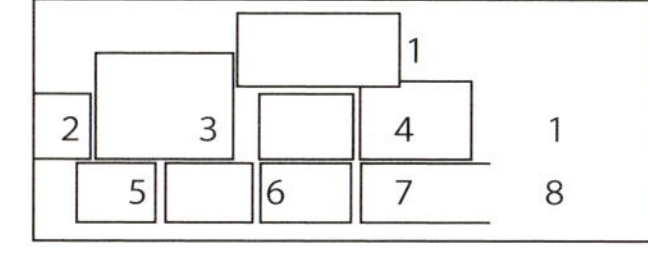

1：往来堂书店
2：山下书房
3：母校青山学院大学的采购部（学生时代的护封现在仍旧好好地保存着）
4：丸善
5：BOOKS代官山（以前在代官山附近的书店）
6：有邻堂
7：枭书茶房
8：茑屋书店

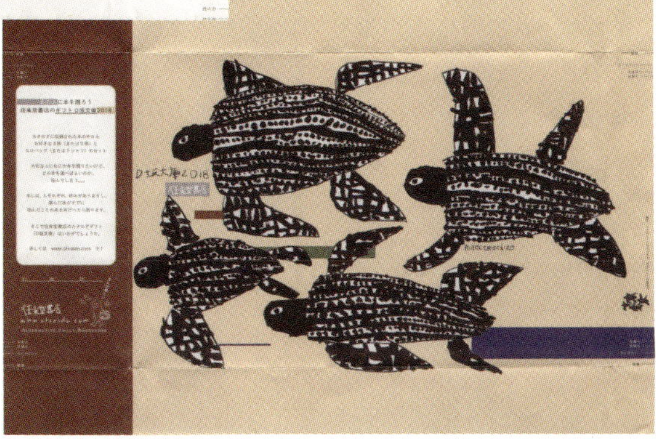

与意想不到的文具相遇

与美妙的文具相遇的瞬间。这里汇集了各种由美术馆、博物馆、神社和学校出品的原创文具。

美术馆文具

美术馆会出售以馆藏为灵感设计的各种文具。美术馆文具的最大魅力就是让参观者在日常中也能够感受到艺术带来的乐趣。

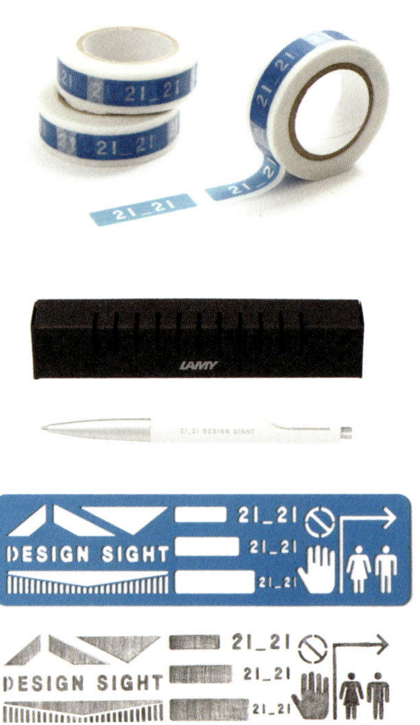

由鲜艳的蓝白两色为基调组成的时尚文具。(从左上角开始以顺时针方向)原创式样的MOLESKINE笔记本、纸胶带、原创标示插入架LAMYnoto、可以作为书签使用的图形板

Photo: Keizo Kioku

—

21_21 DESIGN SIGHT
东京都港区赤坂9-7-6　TEL 03-3475-2121　2121designsight.jp

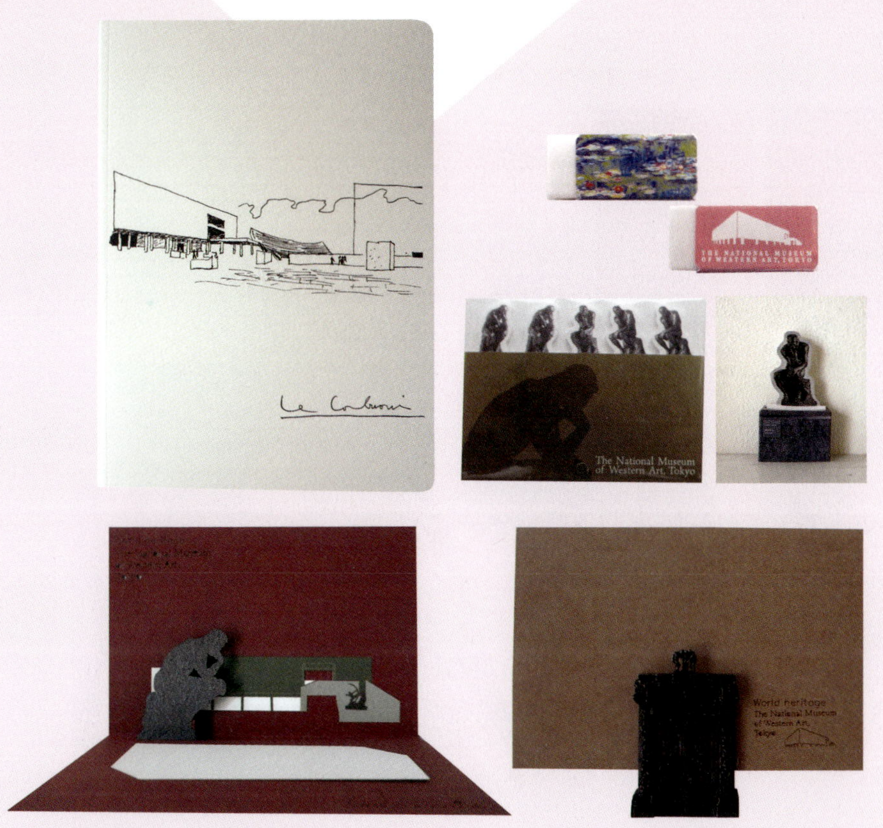

设计灵感来源于勒·柯布西耶的素描和罗丹的《思想者》。(从左上角开始以顺时针方向)B5笔记本、橡皮套装(莫奈的《睡莲》+美术馆外观剪影)、思想者备忘录、便利贴套装、《地狱之门》卡座、弹出式卡片

—

国立西洋美术馆

东京都台东区上野公园7-7　TEL 03-5777-8600　www.nmwa.go.jp

以《鸟兽戏画》和《美人回眸》这些人们熟知的藏品为灵感设计的文具品种很丰富。(从左上角开始以顺时针方向)印章、磁铁书签、便签、莳绘圆珠笔，一笔笺

—

东京国立博物馆
东京都台东区上野公园13-9　TEL 03-5777-8600　www.tnm.jp

庭院美术馆以其装饰艺术风格建筑闻名。以柱子、窗格、墙壁等图案为特色的精美文具。(从左上角开始以顺时针方向)原创笔记本、文件夹、纸胶带、信件套组

—

东京都庭院美术馆

东京都港区白金台5-21-9　TEL 03-3443-0201　www.teien-art-museum.ne.jp

著名摄影师的作品被制成了文具。另外还有一个叫作原装针孔相机的只有摄影美术馆才有的珍品。(从左上角开始以顺时针方向)A4文件夹。上图：索尔·莱特的《雪》(*snow*)，1960年；右下图：索尔·莱特的《脚印》(*Footprints,c.*)，1950年；左下图：雅克·亨利·拉蒂格的《弗洛雷特的手，布里·勒·奈芬特》，1961年。均为东京便利堂制作)、胶片式便签、针孔相机、藏品明信片

—

东京都摄影美术馆NADiff BAITEN

东京都目黑区三田1-13-3东京都摄影美术馆2楼　TEL 03-6447-7684　www.nadiff.com/

日本文具资料馆

通过珍贵的历史资料发现文具的原点

位于浅草隅田河畔的“日本文具资料馆”是一个可以触及文具起源的地方。这里展出了许多珍贵的文具，如莎草纸、芦苇笔、世界各地的墨水瓶等。在这里可以品味到笔者最喜欢的复古文具。

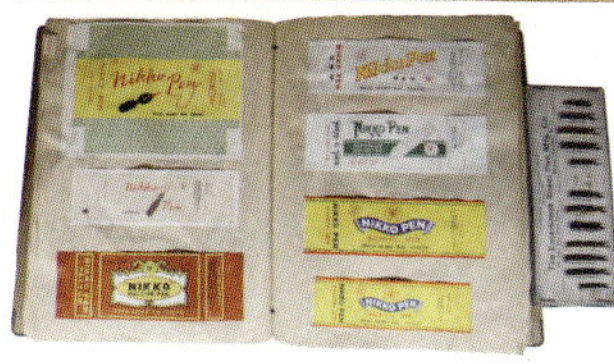

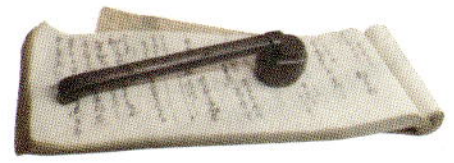

（上图）各种笔尖
（左图）旧墨水瓶标签
（右图）江户时代的便携式笔记工具“矢立”

—

日本文具资料馆
东京都台东区柳桥1-1-15　TEL 03-3861-4905　nihon-bungu-shiryoukan.com

前卫艺术据点的艺术咖啡店

“和多利美术馆”是一家以当代艺术为中心著称的私人博物馆。大楼的地下室就是博物馆的咖啡店“on SUNDAYS”，店内的装潢采用的是马里奥·博塔的前卫设计风格。一边低头看着商店里陈列的艺术品和艺术书籍，一边置身于以红色为主色调的空间里，就会不由自主地在脑海中浮现出与平时不同的创意。店内墙壁上的明信片收藏非常壮观，从中挑选一张自己喜爱的明信片也是这里特有的乐趣。

（左图）在店铺1楼出售的明信片约有1万件

on SUNDAYS

东京都涩谷区神宫前3-7-6　TEL 03-3470-1424　www.watarium.co.jp/onsundays/

【御朱印帐收藏】

提到神社相关的文具会首先联想到的自然是御朱印帐。以下是笔者收藏的一些具有代表性的东京神社御朱印帐。

（从左上角开始以顺时针方向）印着虎之门金刀比罗宫的江户城的御朱印帐、封面设有出人头地台阶的爱宕神社、日枝神社的御朱印帐上则是可爱的猴子、选用了高贵紫色的明治神宫、有红色神社建筑和美丽樱花的花园神社

【大学笔记本收藏】

说到大学就少不了大学笔记本。笔者收集了东京大学和其他东京主要大学的笔记本。

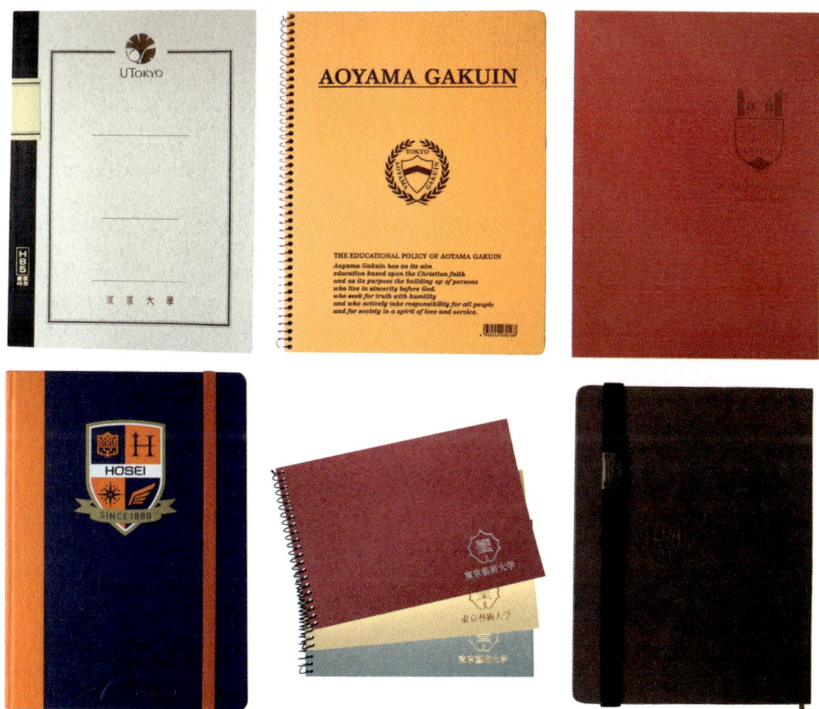

(从左上角开始以顺时针方向)东京大学的"UTokyo大学笔记本"、笔者母校青山学院大学的线圈笔记本、早稻田大学的B5笔记本、印有庆应义塾大学徽章的"绅士笔记本"、东京艺术大学的原创素描本、法政大学的精装笔记本

【东京中央邮局收藏】

在东京中央邮局可以购买到东京的限定文具。文具非常有地方特色，其中有一款选用了邻近的东京站的建筑物作为装饰。

（上半部分，从左到右）东京中央邮局限定商品。方形备忘录、印有邮局名称的明信片、KITTE A6记事本、圆珠笔、文件夹
（下半部分，从左到右）两种东京限定版的“寄给自己的”明信片，这种明信片是在旅行途中寄给自己的。其中以东京站丸之内站建筑为图案的那款是东京中央邮局限定款。用来保存收到的明信片的收藏夹

邮局风景印画廊

所谓“风景印”是指邮局用与当地相关的图案制作的邮戳。如果您去邮局寄信的话，请务必到邮局柜台请工作人员帮忙盖上当地的风景印。如何？是不是能够更好地体验到“当地感”了？

* 部分邮局没有风景印。

专栏

“东京的纸　今昔物语”

不论是和纸还是洋纸，纸产业汇聚于东京。吉川纸商事株式会社创立于明治四十二年（1909年），是有着悠久历史的纸业者。笔者就东京的纸历史采访了该公司的吉川聪一先生。

权力和纸

纸张从大陆传到日本，虽然有多种说法，但是据说在3世纪的时候传入日本的。在那个年代，纸被看作是一种非常珍贵的商品。在出海贸易的船只所装载的货物中，有米、盐等，同时还会有纸。在盛产适合造纸用的软水的京都，和纸的制作得到了发展。可以说，纸为平安时代（794—1192年）的文化繁荣做出了贡献，其中包括著名的《源氏物语》《枕草子》等。另一方面，纸总是与当时的权力挂钩。日本设立了叫作纸屋院的国营造纸厂，当权者就可以对记录公文、通信等所必需的纸进行控制了。通过对纸的管理，可以达到控制情报的效果。

东京和纸

随着日本首都从京都迁到东京，造纸中心也迁移到了东京。明治时代，在日本桥和京桥一带，聚集了很多纸批发商，那里更被称为“纸町”。到了现在还有很多老字号的纸品批发商仍然聚集在

昭和初期，京桥的店铺和当时的运输车

吉川聪一

吉川纸商事株式会社董事，是一家有着悠久历史的纸贸易公司的第4代负责人。曾经一边独自调查研究和整理纸的相关历史，一边探索新型纸张的可能性。现在他正在与设计师、艺术家合作，打造属于自家公司的原创文具等。

纸hiroba　www.yoshikawa.co.jp

那里。东京的造纸业之所以能够大幅发展，是因为在东京奥运会上首次采用了计算机测量以及传真等，这造成了对情报用纸需求的激增，同时出版物的数量也在不断增加，造纸业因此发生了巨大的飞跃。

和纸和洋纸

和纸是在日本独自发展而来的，并且以其轻薄、柔韧、高保存性而著称。据说1876年的巴黎世博会上展出的和纸品质非常高，令西方惊叹不已。另一方面，使印刷纸的大规模生产成为可能的洋纸在战后爆炸性增长。我们公司也从和纸的生产转向了洋纸，奠定了今天的基础。虽然大多数日常使用的纸张都是洋纸，但是纸币、邮票现今仍在使用和纸。另外，能够支撑日本引以为傲的“折”和“包”的文化的只有既纤薄细腻又强韧有力的和纸才可以做到。

纸和未来

在数字时代，纸张是实体的象征。我认为它不仅仅是传递信息的媒介，也在我们日常生活中发挥着各种各样的作用，如“搬运”“包装”“装饰”等。我相信我们可以创造出具有新功能的纸，从而丰富我们的生活。

笔者私人文具收藏

东京，这座吸引着全日本乃至世界各国文具的城市，是文具的宝库，其中有很多精品和名作。在此请允许笔者向您介绍一下笔者在东京发现的一些让人爱不释手的特别文具。

锈工艺的名片盒

笔者和它在一次采访中相遇，并且一见钟情，立刻就买了下来。以这种工艺制作一个需要一周的时间。他们在市中心持续经营了约70年，是可以代表东京的传统手工艺品。

舞会的笔记本

是笔者在P62中出现的“书斋馆”购买的。是用来记录舞会上邀请跳舞的对方的名字的笔记本。附带一支小笔。

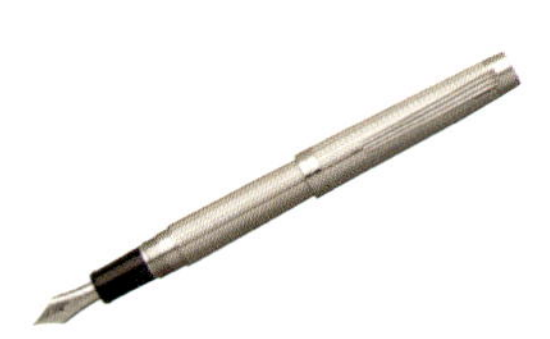

铂金钢笔
“Century THE PRIME”

此款钢笔为纪念100周年而推出，限量100支。连笔杆都是铂金制成的。因为是笔者父亲的遗物的钢笔的复刻版，所以下狠心买了下来。

Faber-Castell
“完美铅笔”限量版

这是为了纪念德国的伯爵家的Faber-Castell代表访问日本，与伊豆屋合作出品的。是世界限量9支其中之一。

笔者自制文具

因为笔者对文具的热爱，所以有机会参与文具的制作。能够制作出反映笔者的想法和执着的文具，并且推向世界，真的是无比快乐。

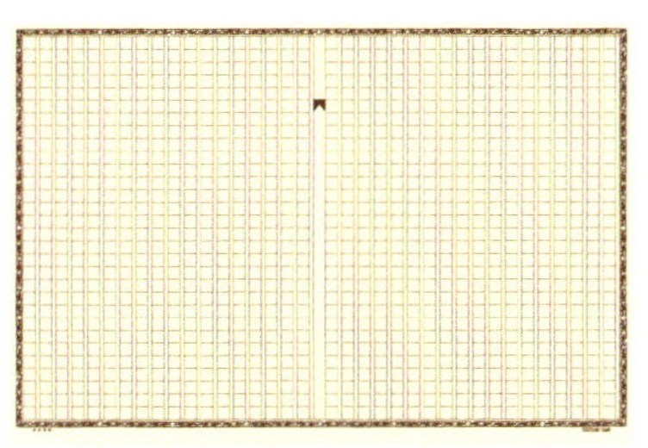

浅草寿满屋的包装纸

委托浅草寿满屋制作的带有原稿纸图案的包装纸。

Récolte

由三得利、伊势丹、铂金钢笔3家公司合作推出的限量版钢笔。Récolte是法语中的“收获”的意思。

himekuri TSUTSUMIGAMI

近年来成为热门商品的“himekuri日历”，它是360天全部由便利贴组成的日历。照片中是一个2020年的日历，是以收藏的纸为主题设计的。

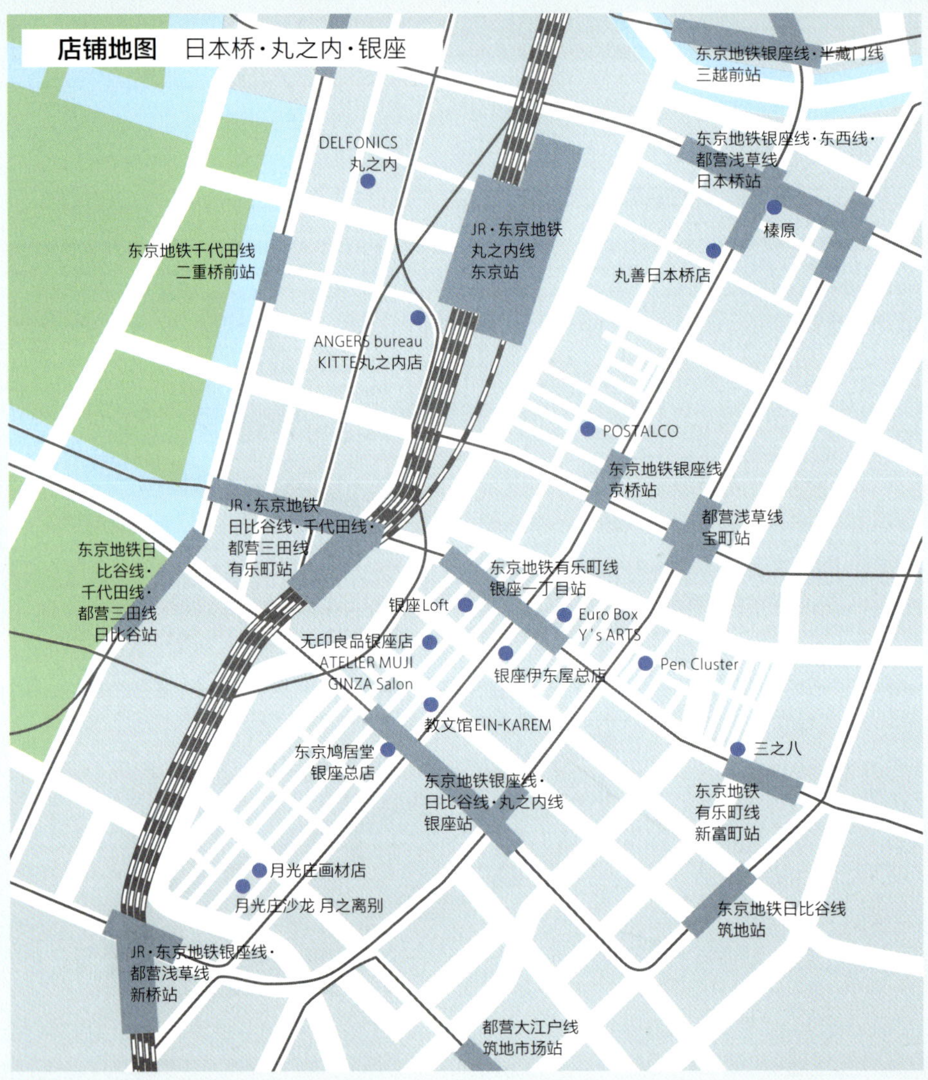

店铺地图 日本桥·丸之内·银座
东京地铁银座线·半藏门线
三越前站
DELFONICS
丸之内
东京地铁银座线·东西线·
都营浅草线
日本桥站
榛原
JR·东京地铁
丸之内线
东京站
东京地铁千代田线
二重桥前站
丸善日本桥店
ANGERS bureau
KITTE丸之内店
POSTALCO
东京地铁银座线
京桥站
JR·东京地铁
日比谷线·千代田线·
都营三田线
有乐町站
都营浅草线
宝町站
东京地铁日
比谷线·
千代田线·
都营三田线
日比谷站
东京地铁有乐町线
银座一丁目站
银座Loft
Euro Box
Y's ARTS
无印良品银座店
ATELIER MUJI
GINZA Salon
银座伊东屋总店
Pen Cluster
教文馆EIN-KAREM
三之八
东京鸠居堂
银座总店
东京地铁银座线·
日比谷线·丸之内线
银座站
东京地铁
有乐町线
新富町站
月光庄画材店
月光庄沙龙 月之离别
东京地铁日比谷线
筑地站
JR·东京地铁银座线·
都营浅草线
新桥站
都营大江户线
筑地市场站

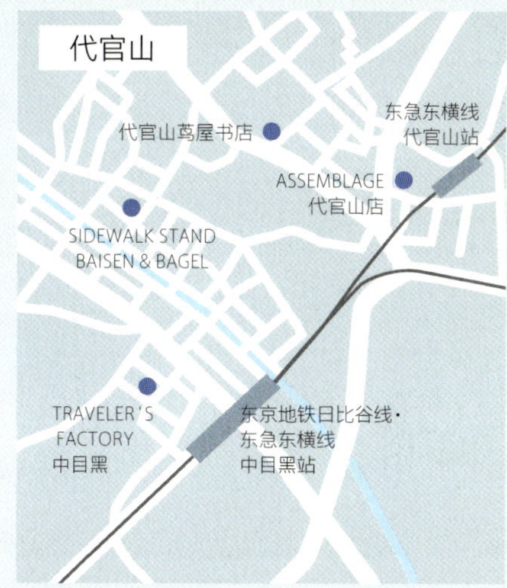

按区域分类的页面对照索引

日本桥·丸之内·银座区域

表参道·外苑前区域

代官山区域

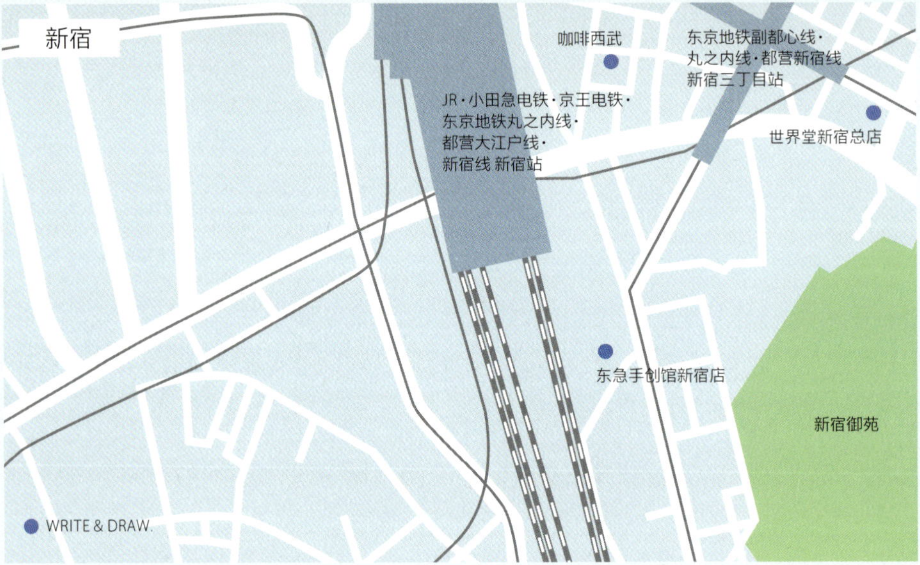

新宿
咖啡西武
东京地铁副都心线·
丸之内线·都营新宿线
新宿三丁目站
JR·小田急电铁·京王电铁·
东京地铁丸之内线·
都营大江户线·
新宿线 新宿站
世界堂新宿总店
东急手创馆新宿店
新宿御苑
WRITE & DRAW.

吉祥寺
36
Giovanni
Paper message
JR·京王电铁
吉祥寺站

池袋
JR·东武东上线·
东京地铁副都心线·
丸之内线·有乐町线
池袋站
TAKASE池袋总店
和纸TAKAMURA

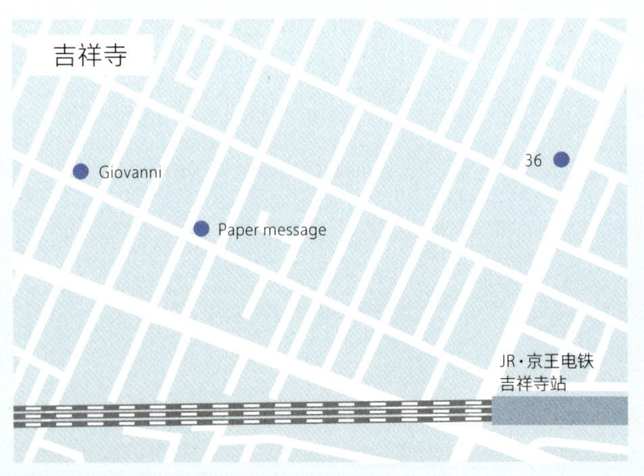

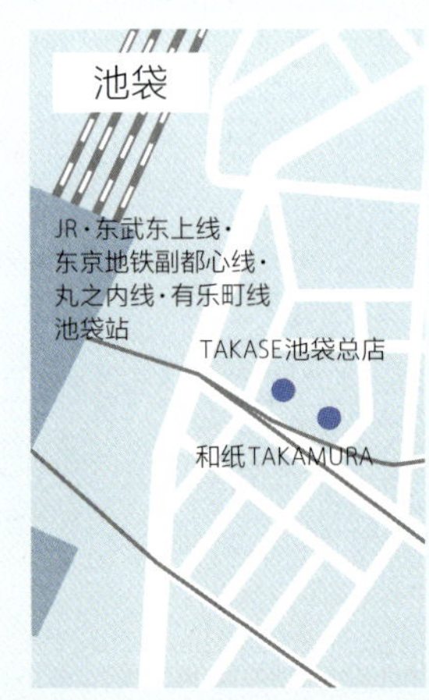

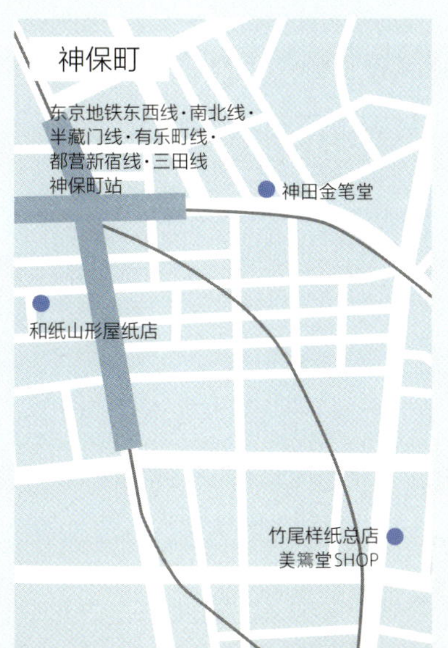

新宿区域

5 咖啡西武
86 世界堂新宿总店
90 东急手创馆新宿店
30 WRITE & DRAW.

吉祥寺区域

36 36
40 Giovanni
38 Paper message

池袋区域

116 和纸TAKAMURA
119 TAKASE池袋总店

千驮木区域

122 菊寿堂ISE辰谷中总店
20 GOAT
58 Biscuit

浅草区域

96 SHIMOJIMA浅草桥总店
143 日本文具资料馆

神保町区域

32 神田金笔堂
42 竹尾样纸总店
44 美篶堂SHOP
120 和纸山形屋纸店

后记

在此，笔者要对拿着这本以日本的文具、杂货店为主题的，介绍世界上部分文具而写成的160页书的各位读者表示衷心的感谢。

本书能够出版，多亏了辰巳出版社的汤浅胜也、负责摄影和设计的西田荣子、负责编辑的东海林美佳等人，多亏了各位的帮助，笔者才可以愉快地进行取材。

这次在采访这些笔者喜爱的店铺的时候，笔者惊讶地发现，笔者所到之处都能看到来自世界各地的游客。他们纷纷表示“没有一个国家能像日本一样，有种类如此丰富的文具、杂货、旧货”。

也就是说，他们觉得在日本不但能看到日本制造的文具和杂货，还能够发现来自世界各地的文具和杂货，这很令他们惊讶。

另外让笔者感到感激的是，他们还说“很期待看到这本书的译作……”（笑）。

看来日本以外的人们已经知道了日本的文具、杂货主题的乐趣所在了。

在店铺和景点的取舍上笔者真的是遇到了极大的困难，还有很多小众又别具个性的店铺并没有介绍到。

今后笔者也会在杂志的连载以及博客中以文具、杂货、咖啡店为切入口，向各位带来秘藏的情报。

最后，希望在日本街头漫步的各位的“心灵旅行包”中能够装满珍贵的回忆！

全心全意地感谢！

堤信子

堤信子

www.nontsutsumi - net.com

自由播音员，随笔作家。昭和女子大学、青山学院女子短期大学的客座讲师。

出生于日本福冈，从福冈县立修猷馆高中毕业后考入青山学院大学经济学部，大学毕业后，进入 FBS（福冈电视台）担任播音员。之后离职成为自由播音员。

在 NTV 的《特级快报》和 TBS 的《花丸市场》等晨间节目中常年担任主播，并活跃于电视、广播、演讲和主持等各种领域。另外，作为文具制作人，也参与了制作钢笔、包装纸等相关的企划。

著有《满载而箱重游巴黎》《满载而箱的巴黎，米兰》《满载而箱的京都，奈良》《传递感谢的方式》《堤信子的生活小窍门》《100 人中被 99 人喜欢的表达感谢的好习惯》等作品。

图书在版编目（CIP）数据

日本文具、杂货的慢时光/（日）堤信子著；徐蓉译.—武汉：华中科技大学出版社，2021.5

ISBN 978-7-5680-6720-1

Ⅰ.①日… Ⅱ.①堤… ②徐… Ⅲ.①商店-介绍-日本 Ⅳ.①F733.131

中国版本图书馆CIP数据核字（2020）第244562号

TOKYO BUNGU · ZAKKA SANPO: TRUNK IPPAI NO TOKYO by Nobuko Tsutsumi

Original Japanese edition published in 2019 by Tatsumi Publishing Co., Ltd.

This Simplified Chinese language edition is published by arrangement with Tatsumi Publishing Co., Ltd., Tokyo in care of Tuttle-Mori Agency, Inc., Tokyo through Pace Agency Ltd., Jiang Su Province.

本作品简体中文版由日本辰巳出版授权华中科技大学出版社有限责任公司在中华人民共和国境内（但不含香港、澳门和台湾地区）出版、发行。

湖北省版权局著作权合同登记　图字：17-2020-166号

日本文具杂货的慢时光

Riben Wenju Zahuo de Manshiguang

［日］堤信子 著
徐蓉 译

出版发行：华中科技大学出版社（中国 · 武汉）
电话：（027）81321913
北京有书至美文化传媒有限公司
电话：（010）67326910-6023

出 版 人：阮海洪

责任编辑：莽　昱　康　晨

责任监印：徐　露　郑红红　　封面设计：邱　宏

制　　作：北京博逸文化传播有限公司

印　　刷：北京金彩印刷有限公司

开　　本：635mm × 965mm　1/32

印　　张：5

字　　数：30千字

版　　次：2021年5月第1版第1次印刷

定　　价：59.80元

本书若有印装质量问题，请向出版社营销中心调换
全国免费服务热线：400-6679-118　竭诚为您服务